ペンタゴン式 目標達成の技術

一生へこたれない自分をつくる

カイゾン・コーテ
訳：中津川 茜

GENTOSHA

わが妻、そして二人の娘へ

There are no secrets to success.
It is the result of preparation, hard work, and learning from failure.

成功に秘訣はない。
それはたゆまぬ準備、努力、
そして失敗から得る学びの結果である

コリン・パウエル

まえがき　ペンタゴン式　目標達成の技術とは?

アメリカ合衆国の軍事防衛を統括する国防総省、通称「ペンタゴン」。首都ワシントンの至近に本部を置き、軍の管理を含む国防全般に関わるミッションすべてを管理する、言わずと知れた一大組織です。

国防総省が「ペンタゴン」と言われるゆえんは、本部の形がペンタゴン、つまり五角形を模《かたど》っているためです。１９４７年に創設されたNational Military Establishmentをその前身とし、２年後の１９４９年に現在の国防総省、Department of Defenseという名称に改名されました。

ペンタゴンは世界で最も大きな組織と言われており、管轄下の軍を含めると、アメリカの人口の約１%にあたる３２０万人以上の人間が、そこに従事しています。

そんな大所帯でトップを究めることは、非常に至難の業です。難関を突破し、リーダーになるためには、心身両側面から訓練につぐ訓練を重ね、数多くの知識を習得し続けなければなりません。

例えば軍においては将校になれるのはたった10％。そんな中でも少佐以上のキャリアを積むには、大学院を卒業することが必須となります。階級が上がれば上がるほど、高度な教育が求められるようになり、中にはハーバード大学やスタンフォード大学など全米を代表するビジネススクールに派遣され、学位取得がミッションとされる場合もあるほどです。

また、軍を離れ、管轄の各局でキャリアアップするには何らかのエリアでスペシャリストになることが求められます。国防の最前線を取り仕切るために用意された数々のトレーニング。それらをすべてクリアし続けることこそが、ペンタゴンで成功を収める唯一の道なのです。

「ペンタゴン」という言葉を聞くと、皆さんは映画の世界を思い浮かべるかもしれません。FBIやCIAと並び、数多くのハリウッド作品の題材にもなる私たちの機関は、その任務の多くが「機密」というベールに包まれています。それはハリウッド映画さながらでもあり、もちろん違う部分もあります。しかし、断言できることは、ここでの日常が「非日常」であふれているということです。

災害救助、紛争地帯での人命救助や平和維持活動、国際テロ組織撲滅活動。常に緊迫した空気が、そこには存在します。

「何かを一つ間違えば、あるいは判断が一秒遅れれば、多くの尊い人命が失われる」――私たちには、いかなるミスも許されません。

常にある緊張と、想像を超えるシチュエーション。大きな責任。任務は計画通りに遂行され、〝完璧な形〟で成功させるのが鉄則です。なぜなら失敗は、時に「死」を意味するからです。

そして一つのミッションに成功しても、次の日には新たなミッションがやってきます。これに成功し続けなければ、「明日が来ない」可能性もある、そんな緊張を常に抱えながら、私たちは日々任務にあたるのです。

当然そこには想像を超えるストレスが存在し、私たちは日々それに打ち勝ちながら、自分の持っている能力を最大限に発揮し続けなければなりません。それを可能にするための無数の訓練が存在し、私たちは日々、それらの訓練を積み重ねながら強い自分づくりを行います。

それでは一体、私たちは日々どんな訓練をしているのでしょう。

「ペンタゴン」と聞くと、「ブートキャンプ」に代表されるような、軍事機関ならではの軍隊式トレーニングを思い浮かべるかもしれません。しかし、それだけでは強く、しなやかな「自分」をつくり上げることは、実は不可能なのです。

確かにペンタゴンも、「強い兵士をつくる」ことに重きを置いた時代がありました。強靭《きょうじん》な肉体を鍛え上げることにフォーカスをし、「身体的強さ」を優先させた時代が。

しかし、私たちはあるとき気づきます。肉体を鍛えるだけでは、人間は決して機能しないということに。増え続ける自殺者、精神不調者の数。戦地に赴いた多くの兵士は、PTSD（心的外傷後ストレス障害）に悩まされ、社会復帰すらできない現実……。

身体訓練だけでは、人間としての強さを包括的に養うことは不可能です。どんな厳しい状況にも耐えられ、緊急時にいち早く正しい判断ができ、敏速にすべてのミッションに成功する力をつけるために必要なものとは何なのか。

その答えは、意外なところに存在します。


近年ペンタゴンがフォーカスしだしているもの、それこそが「Body」「Mind」「Spirit」

という、人間を構成する上で欠かすことができない三要素を、まんべんなく鍛えるトレーニング方法です。

私たちの日常はあらゆるトレーニングの連続です。実戦さながらの訓練、特殊任務を遂行するための訓練など様々なトレーニングがありますが、その基本となるものこそ「どんな環境下でも自分を常に高め創造していく」ことです。そして、それには個々の人間の能力を、「Body」「Mind」「Spirit」の三要素から、まんべんなく高めていくのが、最も効果的なのです。

これは日々を軍事防衛に預ける我々のみならず、どんな人に対しても有効であることだと断言できます。普通に生活していれば、私たちのように戦地に赴き、危険を顧みないようなミッションに従事することはないでしょうが、どんな人の人生にも、ミスなくやり遂げるべきミッションはあるはずです。

自分が立てた目標、会社で与えられた仕事、挑戦しなければならない試験。そこに困難や逆境が存在しても、自分を信じ、失敗を恐れず前に進まねばならないときがあるはずです。未来の可能性を無限大にするために、完璧な結果を出すためにどんな行動をとるべきか。そんなとき、あなたは私たちと、全く同じなのです。

究極の選択、厳しすぎる現実、高度なミッション……。それらと毎日向き合うことは、並大抵のことではありません。しかし私たちペンタゴンの人間が、常に緊迫する緊張下に身を置きながらも、ミスなく完璧な結果を出し続けられるのは、三要素にフォーカスをあてた訓練の賜物と言えます。

何かを成し遂げるには、たゆまぬ努力が必要です。そして望んだものを手にするための努力は、楽しいことばかりではありません。困難を目の前に、怯《ひる》むようなこともあるはずです。当然挫折もするでしょう。中には最初から夢から逃げて、あきらめてしまう人もいるかもしれません。

しかし、忘れないでほしいのです。

「修練のない人生など、存在しない」ということを。

あなたには、恐れや不安、困難としっかり向き合い、それを乗り越える力があります。逆境を認めながらも、自分の可能性を信じ、誇り高く、人生を歩き続ける力があるのです。人生の困難を認めつつも、あなたは前進し、気高く、誇り高く、自分の人生をつくり上げることができるのです。

あなたの可能性は無限なのです。そのことを信じましょう。


本書では、ペンタゴンで実際に行われている訓練に独自のアレンジを加えて一般向けに応用し、皆さんが望むべき形に人生を創造していくための方法を紹介していきます。

「ペンタゴン式　目標達成の技術」とは、つまり、あなたが人生の旅を続けるにあたって、常に自分自身の持つ無限の可能性を信じて、自分を構築する作業を続けるために役立つツールなのです。

そういう意味で本書は巷《ちまた》にあふれる、「思ったら願いはかなう」「ポジティブに考えるだけで人生は好転する」といった「他力本願」を語る本ではありません。あなた自身が実際にこのツールを使って、日々自分を高めていく努力をすることが何より必須になります。

しかし、ご紹介するものはどれも簡単で、どなたでも使いこなすことが可能なものばかりですから、安心してください。これらを生かしながら、丁寧に自分の人生を望む方向へと構築していきましょう。

あなたの心の奥底にある、絶対かなえたいこと、実現したいことにフォーカスしましょう。それを達成するための困難や逆境がたとえあったとしても、あなたは自分を信じ、前に進まねばなりません。これから解説する七つのエリアからのアプローチで、それを可能にしていきましょう。

あなたは、あなたの人生の「創造主」です。どんな人生も自らの努力によって、つくり上げていくことは可能です。それをどうか信じてください。

本書が、皆さんの「真の人生」を構築するのに役立つことを願って。

カイゾン・コーテ

ペンタゴン式 目標達成の技術

contents

第1講

Module 1

Breathing

鼻から吸って口から吐く——呼吸

第2講

Module 2
Meditation

1日10分、一人だけの時間をつくる 瞑想

第3講
Module 3 Awareness
あなたはどのような人間か知ろう
認知

第4講 Module 4 Knowledge

「自分が何を知らないか」を知る——知識

第5講
Module 5 Exercise

ペンタゴンは肥満を許さない——健康

第6講
Module 6 Discipline
自分の限界を超える技術――自律

第7講

Module 7
Last Will

72時間ですべてが解決できる——時間

装幀　石川直美（カメガイ デザイン オフィス）
DTP　美創
本文イラスト　宮下やすこ
協力　トプコ

第1講

鼻から吸って口から吐く

呼吸

Module 1

Breathing

Proper breathing promotes exceptional life.

呼吸を制する者は、人生を制す

ペンタゴン格言

⬟呼吸であなたの人生は激変する

ペンタゴンには、こんな言葉があります。

「呼吸を制するもの、勝負を制す」

呼吸が短時間で高いパフォーマンスを発揮するのに「最適な」心身状態をつくることを可能にすることから、生まれた言葉です。

人間が**この世に生を受けると、最初にする**こと。それが「呼吸」です。

しかし、どれほどの人が、普段から呼吸に意識を向けて生活しているでしょうか。

生命維持には、欠かすことのできない呼吸。

恐らくほとんどの人が、「無意識」に続けている呼吸。

呼吸への意識を変えることで、人生の可能性が大きく広がると言ったら、あなたはどう思うでしょう。「そんなことは、あるはずがない」とすぐさま否定するでしょうか。

しかし呼吸が「人生を変える」というのは、紛れもない真実です。時には困難や逆境を乗り越えながら、それでも**夢や目標に向かっていける自分をつくるために、呼吸は驚くほど役立つツール**としてあなたの味方となります。

――簡単な呼吸テクニックを習慣化するだけで、常に心を平常に保てるようになる

――その呼吸を意識的に行うことで、ストレスや緊張に強くなる

――そしてその呼吸を味方につけるだけで、「いざ」というとき自分の力を思う存分発揮できる

そんな素晴らしい呼吸法が、ペンタゴンには存在するのです。

深い呼吸で集中力がアップする

一言で呼吸法といっても、ペンタゴンが行っている訓練は多彩であり深遠です。基本呼吸から始まり、任務の状況に応じて活用する複数の「呼吸法」が存在します。

例えば海軍の特殊部隊「ネイビーシールズ（United States Navy SEALs）」は、**複数の呼吸法を使い分けることを徹底的に訓練する**ことで知られています。彼らが使いこなす呼吸の種類は非常に多く、中でも水中に身をひそめて敵に近づくときの呼吸は、水面を揺らすことなく、息継ぎの音すら聞こえない独特のテクニックを要するもので、その息づかいは「呼吸の芸術」とまで評されています。

その他にも、空中から飛び降りパラシュートを操る際の呼吸、低酸素状態で激しい戦闘を強いられた際に行う呼吸、全力疾走しながら交戦しなければならないときの呼吸など、それぞれの状況に応じた呼吸テクニックが多数存在します。

これらの呼吸法には、異なる目的や意味があります。しかしその最終目的は、身体にダイレクトな形で働きかけることによって、「心身を理想的な状態にするためのもの」ということに集約されます。ミッションの成功に向けて、絶対に失敗が許されない緊張感が続く中で、私たちにとっては「呼吸」を味方につけることは必須事項なのです。

皆さんにはこれから、最もパワフルで「特別な」呼吸法を習得していただきますが、その前に、呼吸のメカニズムそのものについて触れておきたいと思います。

まず、ペンタゴンが呼吸を重要視する理由は二つあります。

一つ目は、身体機能の健全化です。

呼吸は二酸化炭素を体外に排出するのに、必要不可欠です。実に体内毒素の70％は、呼吸を通して排出されます。

しかし、現代人は「呼吸が浅い」と言われており、成人男女の1分間あたりの平均呼吸数は12回から16回。肺容量全体のわずか18％から20％しか使っていないとされています。これでは、十分な酸素の循環ができません。

しかも極度に高い緊張状態に置かれていたり、何かに集中しすぎたとき、あるいは運動をする際に、無意識に呼吸を止めてしまう人も大勢います。これはとても危険なことです。

呼吸はいわば、メンテナンス機能です。人を飛行機にたとえるとするなら、身体は機体そのもの。いくら優れた飛行技術があっても、飛行に必要な情報が手元にあっても、機体が健全に機能しなければ、飛行機は飛ぶことはできません。メンテナンスの基本となる呼吸が良質なものであることは、必要最低条件です。

正しく深い呼吸をすれば、身体の浄化が進むだけでなく、**血圧や心拍数の正常化、疲労回復、活力増加**など、それだけで様々な効能をもたらします。つまり呼吸は、私たち人間にとって、健全に「機能」する身体づくりの基本なのです。

ペンタゴンが呼吸を重要視する二つ目の理由。それは、正しく深い呼吸を用い、身体的に働きかけることで、メンタル面での安定化、集中力の増加をもたらすためです。

少し思い出してみてください。

あなたがイライラしているとき、不安を抱えているとき。困難を抱えて焦っているとき。

このようなとき、あなたの呼吸は浅くなっているはずです。呼吸の乱れは、精神の乱れと呼応します。

人は**ストレスを抱えると、どうしても肩や胸だけで呼吸をしてしまう**ものです。そのようなとき、冷静な思考にはならず、身体も緊張しています。

肩や胸だけでの浅い呼吸では、全身の血管が圧迫され、脳の酸素も不足してしまいます。

これがさらなるストレス原因となり、心身への悪循環を生むことすらあり得ます。

またストレスが悪化すれば、その呼吸の乱れから、一度に空気を吸い込みすぎてしまうことで起こる、「過呼吸」を引き起こす危険性も否めません。

過度の呼吸は、体内の二酸化炭素を必要以上に排出しますが、そうすると体内のアルカリ性の度合いが過剰となり、頭痛やめまい、窒息感、ひどくなると失神などを引き起こすこともあり、「たかが呼吸」などと甘く見ることはできません。

ペンタゴンが指針に置く理想的な呼吸は、1分間に8回から10回。これで約50％の肺容量を使う呼吸が可能になります。

⬟1分間に8から10が理想の呼吸回数

先にも述べたように、呼吸の乱れは精神の乱れと呼応します。あなたが**思いえがいた人生を歩くためには、精神の安定は不可欠**です。また集中力が欠如していては、よいパフォーマンスは期待できません。良質な呼吸は、これらの問題を未然に防ぐのに役立ちます。

ですから普段から質のよい呼吸を心がけ、それをあなたの「基本呼吸」とすべきです。

ペンタゴンの推奨する呼吸の基本は、「鼻呼吸」です。もしも「口で呼吸

理想の呼吸	一般人の呼吸
8〜10回／分	12〜16回／分

をしている」という場合には、今すぐ、鼻呼吸に変えてください。

鼻の粘膜には繊毛と呼ばれる無数の細かな毛が生えており、この繊毛がウィルスや細菌、埃《ほこり》などの異物が身体の中に侵入するのを防いでいます。ですから、鼻呼吸による「体内浄化」という観点においても、非常に有効と言えます。

また、鼻で呼吸すると空気が一旦温められ、湿気を含んだ状態でのど、肺に送り込まれるために、不要な刺激をこれらの器官がダイレクトに受けずに済みます。これも、身体を健全に機能させるためには、大切なポイントです。

そして重要なのは、**肺容量を十分に使った深い呼吸**です。普段から1分間に8回から10回の「呼吸回数」と「鼻呼吸」を意識し、身体が慣れるまでは1日に数回、次にあげる呼吸訓練を行うようにしてください。

基本呼吸

1 肩の力を抜き、リラックスした状態を常に心がける。

人は緊張すると肩に力が入り、上がりぎみになるので、自分の肩の高さをチェッ

クする。肩に力が入っている状態では呼吸が浅くなりやすいので、常に肩に力が入っていないか確認することを習慣化するといい

2 肩をリラックスさせたら、鼻からゆっくりと息を吸い込む。

このとき、横隔膜をしっかりと広げるように意識をし、まずはおなかの底へ向かってしっかりと空気を送り込む

3 普段の呼吸では20%ほどしか使われないとされる肺に向かって、おなかの底からたっぷりと空気を送り込むようなつもりで呼吸を続ける。

正しく呼吸ができているかどうかのチェック方法は、とてもシンプル。吸い込んだ空気の流れにより、自然に「腹→胸」の順に身体が動くので、その動きができているかどうかを体感する

4 しっかりと息を吸ったら、ゆっくりと息を長く口から吐いていく。

意識的にこの呼吸を行う場合は、4カウント吸って、8カウントで吐くというの

を目安にする。

このカウント数を、日常呼吸として常に行う必要はない。しかし鼻からしっかり空気を吸い、口から吐くというサイクルは意識することを基本にする

「基本呼吸」は人間にとって、自らを健全に、そして完全に機能させる、健康な心身づくりのベースとなります。常に質のいい呼吸を行うことは、自らの未来に対する一番簡単で、確実な投資であると言っても過言ではないでしょう。

あなたも「ピーク・パフォーマンス」を発揮できる

先ほどお話ししたように、ペンタゴンでは「呼吸を制するもの、勝負を制す」という言葉があるほど、呼吸に重きを置いています。それは、呼吸が**短時間で高いパフォーマンスを発揮する**のに「最適な」心身状態をつくることを可能にするためです。

これに関連する興味深い理論があります。あなたは「ピーク・パフォーマンス」という言葉を、聞いたことがあるでしょうか。これはチャールズ・A・ガーフィールドという心理学者が一躍有名にした言葉で、「人が自らの能力を最大に引き出し、発揮させた状態」を言います。

ピーク・パフォーマンスを実現するには、いくつかの必要要素があります。人が最も高いパフォーマンスをあげるには、主に以下の心身状態が必要とされています。

・プレッシャーがありすぎず、しかし適度に緊張がある状態
・無心で落ち着いている状態
・高い集中力を保った状態
・自分自身を完全にコントロールできている状態
・心理的に余裕があり、自信を維持できる状態

驚くべきことに、実はペンタゴンで日常的に用いている「特別な」呼吸を使うと、**ピーク・パフォーマンスを実現しやすい心身状態**を「意図的」につくりやすくすることが可能になるのです。

激しい戦闘下や、ハードな意思決定に追われる緊急状態に置かれたときでも、私たちはその呼吸を使い、あっという間に自分を整えています。失敗が許されない状況下でも落ち着き、冷静さを味方につけ、高いパフォーマンスを実現しています。

そう、私たちはまさにピーク・パフォーマンスが可能になる身体状態を、文字通り「呼吸を制する」ことで実現しているのです。

では、どうして意図的に、ピーク・パフォーマンスを実現することが、呼吸を使って可能になるのでしょうか。その秘密は「呼吸」と「自律神経」の関係を解き明かすと、理解できるようになります。

私たちの身体は、自らの力で様々な生理機能を調整しています。その多くは、私たちが意識しようがしまいが、自ら勝手に自律して機能しています。たとえば、自分の意思で体温を上げたり下げたりすることは、訓練を積んだからといってできることではありません。なぜならば、あなたの身体が自動的にそれを行っているからです。

人間が意識的に働きかけなくても、これらの生理機能が自動調整される理由は「自律神経」が存在するためです。それは**非自発的で、反射的な機能**です。

呼吸もまさにその一つです。私たち人間は、特に意識をしなくても呼吸を続けて日々過ごすことができます。

しかし、呼吸が他の生理機能と違うのは、意識的にコントロール可能なものである点です。私たちは体温を上下させることはできませんが、呼吸に関しては意識的に行うことができます。そして呼吸をコントロールすることができれば、興奮状態をつかさどる交感神経やリラックス状態をつかさどる副交感神経、そして心拍数をコントロールすることが可能になるのです。

私が「呼吸」の持つ威力を初めて実感したのは、ある訓練に参加したときのことです。ペンタゴンでは、**核兵器や生物兵器が使われたことを想定した実戦訓練**があります。私が参加したその訓練とは、軍の中でも少数精鋭の特殊任務につく人が合同で行う、かなり大がかりな極秘訓練でした。

機密の関係もあり、場所やその内容について詳しいことは書くことができませんが、そこでは実際の現場で用いる防護服や武器、通信機器などが用いられ、実戦さながらの緊張感が訓練期間中ずっと続く本格的なものです。

完璧なまでに「戦場」が再現され、緊迫した空気があたりを埋め尽くします。訓練である以上、一応の時間の区切りはありますが、早朝から深夜まで、最前線での動きをし続けなければなりません。

訓練時における状況設定は、常に「考え得る最悪の事態」と決まっています。もちろん実際の戦場では、その想定を上回ることも起こり得ますが、「これが訓練か」とはとても思えないほど、最悪な自体が次々に起こります。当然、精神的に追い込まれるような、数多くの事件が設定されています。それらに本気で対処をしていくうちに、訓練なのか実戦なのか、自分の「脳」が区別できなくなるという現象が起きてしまうほどです。

私たちはそこで設定されているすべての課題を突破し、**自分の身を守りながら与えられたミッションを確実に達成できるのだという自信**を、「自分のもの」にしていかねばなりません。どんな最悪な状況下でも揺らぐことのない「本当の自信」を身につけることこそ、この訓練の最大の狙いなのです。

私も、最初はその規模の大きさと緊迫感に圧倒されました。そして「現場はもっと過酷な状況にみまわれるのだ」と思うと、身体の震えが止まらなくなりました。それと同時に、こうした現場を今後自分が指揮をするかもしれない、と気が引き締まる思いもしました。容赦なく怒号が飛び交い、**次々に与えられる難題を瞬時に解決していく**ことが求められる状況。当然大きなストレスがかかり、一瞬でも気を抜けば、誰もがパニックを起こしそうになりました。

これは、現実なのだろうか。

それとも夢の中で起こっていることなのだろうか。

訓練だと分かっていても、「実戦に投入されてしまったのでは」と混乱をするほど、脳が制御不能になりそうな感覚。我々はそれにも上手く対処しながら前に進むのです。

私が呼吸の威力を実感したのは、まさにそのときでした。

ペンタゴンならではの、ある「特殊」な呼吸。

現場では、誰もが用いている「特別」な呼吸。

そして、その呼吸こそが、極限状態においても、短時間で「最適な心身状態」をつくり出し、常に安定した高いパフォーマンス、つまり「ピーク・パフォーマンス」を可能にする秘密兵器だったのです。

一点に一発だけを撃ち込むスナイパーの呼吸法

実は私がこの訓練で行った「特別」な呼吸とは、「タクティカル・ブリージング（tactical breathing 戦術的呼吸）」という呼吸法です。その威力の完璧なまでの有効性を知ってからは、コンバットゾーンを離れた日常においても、手放せなくなっているテクニックです。

「タクティカル・ブリージング」は、文字通りもともとスナイパー（狙撃手）の「戦術」として生まれた呼吸法でした。スナイパーというと、次々に敵を狙っては撃っていく、というイメージがあるようです。しかし、「狙撃」とは我々の現場においては、**狙うべき標的一点だけに銃弾を撃ち込むことで、周囲に被害を及ぼさない**という、全く無駄のない紳士的な戦術なのです。

周囲に一切の被害を与えることなくミッションを達成させるためには、その「たった一発」を「確実」に標的に撃ち込まなければなりません。そこには想像を絶する緊張状態が存在し、スナイパーには人並み外れた高い集中力が要求されます。

引き金を引く最も緊張するその瞬間に合わせて、緊張状態を制御しつつ標的に集中することができなければ、任務を確実に遂行することはできません。標的外の人を傷つけることは絶対に許されませんから、その重責は想像を絶するものです。

そこでスナイパーたちは「タクティカル・ブリージング」を使いこなし、非常に短い時間で驚くべき集中力を手に入れるのです。

緊張を制し、呼吸のリズムに合わせて精神を研ぎ澄まし、呼吸のリズムを生かして引き金を引く。引き金を引くまさにその瞬間に、確実にピーク・パフォーマンスを実現させるために、呼吸を用いるのです。

この呼吸法は軍が開発したものですが、**呼吸が武術のテクニックに取り入れて使われてきた歴史**は古く、そのルーツをたどっていくと古代文明にまでさかのぼります。

原型とも言える呼吸法は、西暦400～500年、インドで誕生したと言われており、その後、様々な文明によってアレンジを加えられながら、世界各地に広まっていきました。

その証拠に、複数の文献にこれと類似した記述（例えば古武術書にも、同様の記述を見ることができます）が残っています。呼吸が身体と精神にもたらす効能については、古代人も体感していたのでしょう。

ペンタゴンはこれらの情報を組み入れ、科学的な効果を立証させた上で、スナイパーのための呼吸法として体系化したのです。こうしてつくり上げられたタクティカル・ブリージングは、一度覚えたら、誰もが手放すことができなくなる偉大なるパワーを秘めていると言えます。

⬟心拍数を115から145にコントロールせよ！

タクティカル・ブリージングの「鍵」は、心拍数の調整にあります。通常、心拍数は先に解説した自律神経の機能によって、**緊張下では上がり、緊張が緩んだ状態では下がる**というように、我々の意識とは関係なく自動的に調整されています。

心拍数は上がりすぎるとパニックに陥って身体が硬直する一方、下がりすぎるとリラックスしすぎてしまい、集中力を欠いてしまいます。つまり、心拍数は高すぎても、低すぎても、ピーク・パフォーマンスを実現することはできないのです。

ピーク・パフォーマンスを実現するための「最適値」を引き出しやすい範囲内に、心拍数を収める必要があるのですが、スナイパーに限らず、**人間が最高の状態で心身を機能させることができる状態は、心拍数が115から145**のときだと言われています。

この最高の状態を保てる範囲に心拍数を収めることで、格段にピーク・パフォーマンスを実現しやすい心身状態をつくることが可能になります。そしてこのタクティカル・ブリージングを使って身体に働きかけると、驚くほどに心拍数がこの値の中にピタリと収まるのです。

つまり、どのような状況下にあっても、タクティカル・ブリージングを行うことで、ピーク・パフォーマンスに適したコンディションに自らをセットアップすることができるというわけです。

リラックスから一転、勝負に出る

呼吸に意図的になることは、決して極限状態だけに有効なものではありません。

例えば、我々の心身ストレスについて専門に研究している、コロンビア大学の臨床精神医学者、リチャード・P・ブラウン博士も次のように指摘しています。

「意識的な呼吸は、人間を理想的な状態にする。心身がそのような状態になれば、当然パフォーマンスの質は向上する。呼吸法を味方につけた人とそうでない人では、劇的に人生に違いが出る。それは兵士であろうが、一般の人間であろうが変わらない」

読者のあなたは私たちと違って、日常において命の危険を感じることはほぼないでしょう。

しかし、どんな人にも、緊張を強いられる場面や、困難に立ち向かわねばならない場面があるはずです。人生には、不安にさいなまれていたり、精神が沈んでいる状態、やる気があまり起きないようなときでも、**自分を奮い立たせて、前に進まなければならない**ような場面があるはずです。

そのようなときは、まず心身のバランスを整える必要があります。

最高の状態で自分自身を機能させるために、ふさわしい状態をつくり出すのです。それができなければ、いくら崇高な目標があっても、そこへたどり着くための「最初の一歩」を踏み出すことすらできません。

タクティカル・ブリージングが素晴らしいのは、緊張下のみならず、リラックス状態から一転して、勝負に臨まねばならなくなったときにも使える点にあります。つまり、ミッションに臨むとき、いまひとつ自分のテンションが上がらない場合も、この呼吸を行うことで最適な臨戦態勢がとれる、というわけです。

例えば、強いプレッシャーや過緊張下にあるときは、心拍数を意識的に下げることで、**自分の実力を超えると感じられるミッションに挑戦**したり、深く集中することが可能になります。

逆に、実行すべきことが見えているのに、なかなかやる気が起きないような怠惰な状態のときは、心拍数を意識的に上げることで、パフォーマンスに適した状態に自分をセットアップすることが可能になります。

緊張下で何か結果を出さねばならないようなとき、あるいは思いがけず困難なことが起こってしまったときなど、とにかく落ち着いて何かを処理しなければならないときには、意識してタクティカル・ブリージングを実践するようにしてください。絶対に**失敗できないようなビジネスシーン、スポーツの試合、あるいは細かく緻密な作業が必要なとき**なども、この呼吸法は役立ちます。

普段から質のよい基本呼吸を心がけ、いざというときはタクティカル・ブリージングで自分を整える。この呼吸テクニックを知っているだけで、あらゆるパフォーマンスそのものの質が変わってくるはずです。

冒頭でも述べた通り、呼吸は生命維持の「基本」です。ペンタゴンのエキスパートたちにとって、呼吸が「勝負を制す」ものであるなら、まさに呼吸を制するすべての者は、「人生そのものを制す」と言っていいのです。

さっそく今日から、タクティカル・ブリージングを生活の中に取り入れてみてください。自らを高め、人生に成功を求めるならば、「呼吸」を自らの支配下に置きましょう。呼吸を使って、常にピーク・パフォーマンスを実現し続ける状態をつくりましょう。

きっとあなたはその威力を深く実感し、二度とこの呼吸法を手放すことができなくなるはずです。

タクティカル・ブリージングのやり方

1 「基本呼吸」のとき同様に、まず肩の力を抜く

2 鼻からゆっくりと、4秒息を吸い、その後4秒間息を止める

3 息を止め、4秒カウントした後、4秒かけて息を吐く

4 息を吐き終わったら、4秒息を止める

5 ここまでを1クールとし、これを4~5回繰り返す

㈱ 息を止める際に力を入れないように注意しましょう。自然な呼吸の流れにそって、その流れを一瞬中断させるようなイメージで行うように。

簡単な方法ではありますが、確実に習慣化するために、最初のうちはツール（道具）を使うことをお勧めします。時計・紙・ペンを用意してください。

時計とともに４秒を計測し、１クールが終わるたびに紙にチェックを書き込んでいきましょう。

トレーニングの目安

1回のタクティカル・ブリージングは1クールを2回繰り返すことから始める。慣れてきたら回数を4〜5回まで増やす。また、この呼吸法のコツをつかみ、慣れるまでは意図的に1日に4回ほど、時間を決めて行う。

慣れてきたら1サイクル4〜5回の基本回数を、朝出かける前、電車の中、仕事の合間、食事の前後、プレゼンの前、仕事終了時等に意識しながら取り入れる。

それ以外の時間は「基本呼吸」に重点を置き、これを日頃から意識的に心がける。さらにこれの習慣化を目指す。

	月	火	水	木	金	土	日
8:00							
12:00							
15:00							
18:00							

Module 1 : Breathing　～呼吸～
まとめ

●呼吸は生命維持活動の基本であり、ペンタゴン・トレーニングの基本中の基本。普段より質の高い呼吸を行うよう意識すること

●呼吸は、鼻から吸って口から吐く「鼻呼吸」を徹底する

●スナイパーの呼吸トレーニングが元になった「タクティカル・ブリージング」は、ペンタゴン・エリートの基本テクニック。ストレスを感じたとき、緊張下にあるときなどに行うのはもちろん、生活のあらゆるシーンで取り入れ、習慣にする

第2講

1日10分、一人だけの時間をつくる

瞑想

Module 2

Meditation

A better world shall emerge based on faith and understanding.

よい世の中というのは、
信頼および理解をベースに成立する

ダグラス・マッカーサー

◆常に冷静であれ——心の静寂をもたらすもの

「常に冷静であれ」

元国務長官のコリン・パウエルが、現場でよく口にした言葉です。短くシンプルながら、実に的を射ています。

私たちは戦場や災害地、常軌を逸した過酷な現場など、目を背けたくなるような現実の中に身を置かねばならないことが多々あります。

十分な睡眠や食事すらとれない中でのミッション遂行。死をすぐ横に感じる恐怖にさらされ、心理的にも肉体的にも極限に追い込まれ、たとえ疲労がピークに達していても、ひと時も気を抜くことさえ許されない。現場の緊迫感は、とても一言では言い尽くせません。

しかしたとえそんな状態であっても、私たちはいつも「最高の状態を発揮できる自分」でいなければなりません。見るに堪えないほどの過酷な現場でも、緊張しすぎてパニックになることも、気のゆるみすぎも許されないのです。

最前線に立つ私たちに求められるもの、それは容赦なく次々に襲う**困難やストレスに、しなやかに対処し、完璧にミッションを達成する**こと、ただそれだけです。そしてそのために必要なものこそが、「冷静さ」です。

大きなストレスを抱えながらも、それでも正しい判断や選択を下すためには、まずは心が落ち着いている必要があります。「冷静さ」はすべての基本です。冷静さを欠き、心理的に乱れた状態では、正しい判断や選択を下すことは、とても不可能です。冷静であることで初めて、私たちは本来持っている力を適切に出せるのです。

ではどうやってペンタゴンでは、**極限の緊張下で冷静さを手に入れる**のでしょうか。どうすれば自らの内側に集中でき、どんな状況にあっても冷静でいられるのでしょうか。

ネガティブな状態に支配されることなく、また興奮することもなく、自分に向き合う時間。ただ静かに、自分が手にしているすべてのものから一度距離を置き、「そこに存在する自分」を感じる。そうした「心の静寂」こそが、私たちにいつも通りの自分、冷静な自分を取り戻させます。

そしてその「心の静寂」を、効果的に得る方法こそが「瞑想」なのです。

北極に14か月いても心のバランスが崩れない

呼吸と並び、現在最もペンタゴンが重要視しているトレーニング、それが「瞑想《めいそう》」です。呼吸が身体的側面から働きかけるのに対し、瞑想は**心理的側面から心に働きかけ、私たちのパフォーマンスを最適な形に調整する**優れた方法と言えます。

ペンタゴンの瞑想の歴史は、かなり長いものがあります。最初にこれを導入したのは、1980年。当時、ペンタゴンには「ジェダイの騎士団」と呼ばれた陸軍の特殊部隊が存在していました。その部隊が行ったのが、ペンタゴン史上における最初の瞑想トレーニングとされています。

5人の精鋭からなるその部隊に対して、武術と瞑想を組み合わせたトレーニングを試験的に課したという記録が今も残っていますが、6か月訓練を受けたのち、様々なテストを行いトレーニングの効果を検証したところ、心身・特殊技術の両側面において、他の特殊部隊兵士たちよりも彼らははるかに優れた結果を残したのです。機密に関わることはお話しできませんが、それは実に驚くべき結果でした。

このように瞑想の効果が実証されたことで、その後ペンタゴン内では急速に「瞑想」の研究が進み、本格導入が進められるようになったのです。

実は私が個人的に本格的に瞑想を始めたのは、軍への入隊前の24歳のときでした。命を落としていたかもしれない車の衝突事故を経験したのがきっかけでした。幸い、車は大破したものの、命に関わる怪我ではなかったのですが、以後1年半におよぶ、リハビリテーションが必要となったのです。

リハビリでは、西洋医学と並行して東洋医学を治療に取り入れたのですが、東洋医学の治療では、身体のコンディションを整えるために精神的な面からのアプローチを勧められました。それが瞑想だったのです。身体を早く回復させるために有効だということで、私はそれから、毎日5分の瞑想を習慣化したのです。

このように思いがけない形で出会った瞑想ですが、これ以降、瞑想を活用して意識を休めたり、**沈黙の中で自分と向き合う時間を常に大切に**してきました。そしてこの日課は軍への入隊後、さらに大いに役立つものとなりました。どんな状況下でも「本来の自分」を見失わないでいられることを、瞑想を行うことで深く実感できるようになったからです。

私が参加した様々なミッションの中でも、特に過酷な環境だったのは、北極です。北極は、弾道ミサイル警戒システムのレーダーが置かれた、国防における最重要拠点の一つでもあります。人工衛星システムの管理、サテライトコントロールネットワークの主要基地としても知られ、情報部隊を仕切る自分にとっては、専門に近い場所でもありました。

この北極の地は、まさに**動植物すべての生きる軌跡を全く感じることのできない、生命の痕跡のない世界**でした。このような環境では、生理的な反応として身体に多大な負荷がかかります。その理由が「白夜」です。半年ほど常に空が明るい白夜が続き、もう半年は完全な闇の世界。このような環境下においては、朝が来て夜が来るという、「普通」のサイクルで生活をしている中では抱えることのない特殊なストレスを、身体的にも精神的にも受けるのです。

太陽が沈まない、あるいは太陽が全くない世界では、人間は自律神経に異常をきたし、感情のバランスを崩し、うつになることも少なくありません。そのため、長期の滞在は危険であるとの判断をされ、ペンタゴンの規定でも、北極での任務は12か月で必ず終了することになっています。

しかし私の精神は驚くほど研ぎ澄まされ、安定していました。

もちろん私も人間なので、不調を感じることはありました。しかし、早い段階で自分の変化に気づくことができ、自分で調整を行うことができたので、ストレスの受け方が明らかに違っていたのです。

自分がストレスの調整を上手くできた理由は、一日のうちに何度か一人になる時間をとり、行っていた瞑想にこそあると言えます。

なるべく**ゆったりとした服装で、リラックスをして座る**ようにする。この時点で「何かいつもと違う」という身体の不調に気づくこともありました。いつもなら楽な姿勢が不快に感じられるということは、筋肉や内臓など、どこかしらに異常が発生しているサインだからです。

また、次々に頭の中に流れてくる様々な思考や感情を素直に受け止め、一つずつ向き合うことで心を落ち着かせていくことも大事にしました。そうすることで、精神と身体の状態を、その日のうちにフラットに整えてから一日を終わらせることができたのです。

そんな私に対し、軍は、異例の滞在延長の命令を下しました。基地を総指揮する大佐の補佐役であったこともあり、特例で数か月、任務を延長して大佐の任務をサポートすることになったのです。北極に14か月以上いた兵士は、後にも先にも私だけのようです。

それから間もなく、偶然にもペンタゴンは、瞑想を全軍で取り入れ始めました。その効果を体感、実感済みの私にとっては、それはとても腑《ふ》に落ちることでした。

ペンタゴンが、瞑想を正式トレーニングに採用した理由。それは**一日のうち数分だけでも、完全に自分の中に沈黙をつくることの有効性**を認めたためです。どんなに難しいミッションをも、落ち着いてこなせる「安定した自分」を創造するために、「瞑想」は現在私たちにとって、まさに必要不可欠なものになっています。

戦士たちのPTSDをいかに防ぐか

一言で「瞑想」といっても、様々な種類があります。

仏教の修行に由来するもの、キリスト教、イスラム教に由来するものなどその背景も一つではありません。ヨガトレーニングの延長として瞑想を体験する人も多いと思いますが、そのヨガの瞑想一つとってみても、様々な流派のもの、メソッドがあるようです。そのため、初めて瞑想を経験しようとする者にとっては情報過多で、どの瞑想を選んだらよいのか極めて選択が困難というような声もよく耳にします。

また、瞑想には「悟りを開くためのもの」とか、「思考を無にしなければならない」などの先入観もついて回るため、非常に**難しいイメージや、実生活には全く役立たないという理解がどうしても強い**ようにも感じます。

「以前瞑想を試してみたことはあるが、とてもじゃないけれど思考は無にならない」
「禅僧が行うような悟りのトレーニングは、いささかハードルが高すぎるようにしか思えない」
「そもそも瞑想などをして、何の役に立つというのだ」

右のような反応をする人も非常に多いでしょう。そして事実、これらはペンタゴンが本格的に瞑想をトレーニングに加えた際に実際に上がった現場の声そのものでした。あまりに馴染みがないトレーニングかつ、全く任務には関係ないという印象から、拒絶反応を示す者も多かったのです。

しかし、その反応は数週間もすると静まり返り、その効果に驚く声が多くなりました。


「疲れにくくなった」

「非常に集中できるようになった」

「イライラしなくなった」

「緊張下でも冷静でいられるようになった」


そんなポジティブな反応が、圧倒的になったのです。

現在ペンタゴンで行われている瞑想は、「マインドフルネス瞑想」と呼ばれる瞑想法です。

これは、元陸軍大尉で、現在ジョージタウン大学の准教授となったエリザベス・スタンレーが開発した瞑想法です。定期的な**瞑想はうつ病を緩和することが研究で判明**しており、国防総省が導入後に調べた調査においても睡眠の質の向上、健康状態の改善、記憶力、免疫システムの向上、恐怖心の制御、などにも効果が認められています。

このプログラムをまっさきに取り入れたのは、海兵隊です。

海兵隊は陸・海・空すべての機能を備える部隊で、実戦時には**上陸、空挺《くうてい》作戦などの任務によって最前線に送られる少数精鋭の専門部隊**として知られています。「一度海兵隊に入隊したら、その魂は一生海兵隊員」という表現がされるほど、その連帯感を誇りとしているのが特徴です。

海兵隊の専門はずばり、「コンバット」。つまり「戦うこと」そのものが彼らの任務なのです。そのため他の部隊に比べて、はるかに危険地帯に派兵される回数も多く、戦地でのストレスに苦しむケースが跡を絶ちません。そんな彼らが、このプログラムに一番先に反応を示した背景には、深刻な問題となっている自殺率の増加があげられます。

全米における自殺率の増加は近年の社会問題です。2010年オバマ大統領は「自殺防止のための国家戦略」という政策を発表し、45億円もの予算を投入することを決定しました。特に現役兵士、退役兵士の自殺者数は年々増え続けており、2012年にはアフガニスタンでの年間戦死者数を上回りました。この現実を重く見たペンタゴンでは、原因究明のために専門チームを結成。「マインドフルネス瞑想」は、このような事情から誕生した特別トレーニングなのです。

それが実際に驚くべき効果にも繋がっています。ワーストレコードと非難された**自殺者数が、2012年からたった1年間で22%減少**したのです。もちろん瞑想だけで、22%自殺率が減少したとは言い切ることはできないでしょうが、本格導入の時期とそれは呼応します。ですからそこに瞑想が役立っていることは確かでしょう。

もちろん、自殺率の減少で喜ぶにはまだ早い厳しい現状もあります。

自殺にまで至らなくても、アフガニスタン、イラクなどへの派兵後、PTSD（心的外傷後ストレス障害）に苦しむ兵士が非常に多い現状もまた、見逃せない事実だからです。

実は私の部下にもPTSDに苦しみ、除隊を余儀なくされた兵士がいました。彼は10年以上軍に所属している、信頼のおける大変優秀な部下でした。軍に所属することを「ディプロイメント」といい、戦争に関わる任務に定期的につく必要がありますが、彼は中東派兵時に初めて、専門外である実戦の現場に駆り出されることになったのです。その際、私も同じ砂漠の部隊に所属していました。

確かに砂漠での任務は、危険を伴います。銃撃戦が繰り広げられるような場所でなくても、それが敵地となれば、どこに危険が潜んでいるかも知れないのです。彼の様子は日を追うごとに正常とは言えないものになりました。ぼんやり空を見るようなことも多くなり、私も努めて彼に声をかけるようにしました。

しかし結局はその経験が引き金となり、彼は**帰国後深刻な精神的不調を訴える**ことになります。どんなセラピーもカウンセリングも、彼には効果がありませんでした。

私も何とか現場復帰をと働きかけましたが、結果的に回復するには軍を離れるという選択肢しか彼には残されていませんでした。

一度そのような状態になってしまうと、臨床的な治療のほうがむしろ必要になってしまいます。一人でもPTSDに悩む兵士たちが減るようにするには、やはり事前の「予防」が重要なのです。その観点からも、瞑想は非常に有効と言えます。

——脳をしっかり休ませ、自分と静かに向き合う時間をつくる
——すべての雑音や情報を一度シャットアウトし、心の余白をつくる時間を持つ

こうした時間を積極的に生活に取り入れることで、人は精神を常に安定させることができるのです。

◆情報と時間に追い回される現代人

前出のジョージタウン大学のスタンレー准教授は、日常的に行う瞑想がより精度の高いパフォーマンスの発揮を実現するのにも非常に役立つことを指摘しています。

「心の静寂とパフォーマンス向上」

こうした効果を考えると、現代人にとっては誰にとっても瞑想が必須であると、私は思います。

その理由は、**私たちがあまりに多忙極まりない**からです。歴史がかつて経験したこともないスピードで変化し続ける中で、私たちは息つく暇もありません。

例えばアメリカの大学における専門学科の多くは、10年前には存在すらしていなかったもので占められています。Eコマース、サイバーテクノロジー、アプリ、サイバーセキュリティー。すでに耳慣れたこれらの言葉は、数年前までは存在すらしなかったものばかりです。新しい学問が生まれ、新しいニーズが社会にはあふれかえっています。

十年一昔などと言うどころの騒ぎではありません。技術や情報は2年で2倍の量になるほど新しいことが増えているとも言われていますが、数年前の最先端が、数年後には「時代遅れになる」ということが、目の前で現実に起こり始めているのです。

そしてその変化は、私たちを絶え間ないノイズの中に追い込んでいます。それら新しい技術とともに、驚くほどの速さで変わる私たちの生活。インターネットはもちろん、テレビやラジオは、時に知りたくもない、聞きたくもないようなことまで運んできます。

一日中かかってくる携帯電話や、ひっきりなしに届くメール。いつも**繋がっていないと不安になるソーシャルネットワーク**の数々。シャワーを浴びるときにも、食事をするときにも、ベッドで休むときでさえ、携帯電話が横にないと落ち着かない人は、アメリカにおいては全体の80％に上ると言われていますが、これは異常事態としか言いようがありません。

大量にやってくるそれら情報の一体どのくらいが、あなたに有益で、必要な情報なのか。絶え間なく携帯やメールを確認しなければ、本当に生きていけないのか。身の回りにある便利な「技術」が、本当に生活を豊かに便利にしているのか。

もしもあなたが、心豊かに生きようとしながら、「文明の進歩」に支配されてしまうことで逆に不自由になってしまったら、それは本末転倒というものです。

現代社会は確かに便利になりましたが、同時に私たちは生活の中に、「静寂」を失っている状態なのです。常に**何らかの情報が私たちを包囲し、思考は休むことなく働きづめ**です。

このような世界で生き抜くには、常に変化に対応する柔軟性が要求されます。そのために一番必要なことは「脳と思考」を意識的に休ませることと言えるでしょう。

瞑想は呼吸と同様に、心を落ち着かせるために非常に役立つパワフルなツールです。極限状態に身を置く兵士たちにとってあらゆる効能を発揮する瞑想が、広く一般に役立つことは、間違いないのです。

その証拠に瞑想を使って、脳と思考を意識的に休ませるという試みは全米中に広がりを見せています。ペンタゴンのみならず、今では瞑想に注目している企業も増えました。

有名なところではグーグル。2007年より導入されている〝Search Inside Yourself〟と名付けられた独自の瞑想プログラムは、数多くのメディアでも取り上げられています。

禅の思想をこよなく愛したスティーブ・ジョブズは、自ら瞑想の重要性をアップル社内で説いて回っていた逸話も残っていますし、その他、マッキンゼー、Yahoo!、AOLタイムワーナー社、ドイツ銀行など、数をあげたらきりがないほどです。

組織において瞑想プログラムを実施する目的は、スタッフの心を落ち着かせ、生産性を向上させることにほかなりません。言うまでもないことですが、社員一人一人の可能性を最大化することは、企業全体の業績を上げることに役立つのです。また理想的な職場づくりとしても、社員の精神衛生がしっかりと整っている環境は理想的と言えるはずです。

人生で起こることはすべて、自らの内面が反映された結果です。絶え間なくトラブルに見舞われているとしたら、自己の内面における静寂が脅かされているからに他なりません。

自らの可能性を拡大し、望む結果を創造していくために必要な基本こそ、「心の静寂」なのです。ストレス対処の一環として、またいかなる状況下にあっても、自らの心の平静を取り戻す術《すべ》を身につけるために、瞑想を日常生活に取り入れましょう。

瞑想で、積極的に脳を休ませてください。その小さな習慣が、あなたの人生の可能性を飛躍的に広げる起爆剤になるはずです。

瞑想で得られる静かな安らぎの時間は、あなたを癒すだけでなく、**人生をしなやかに生き抜くための冷静さ**を与えてくれるでしょう。

毎日5分から45分の瞑想が効果的

本書ではペンタゴンが導入した「マインドフルネス瞑想」を紹介しますが、実は瞑想自体には、決まった望ましい方法があるというわけではありません。もしもすでに慣れ親しんでいるような瞑想法がある場合は、本書の瞑想法に無理に従う必要は特にないことを予め伝えておきます。

重要なのはスタイルより、「瞑想の習慣化」です。日常に心の静寂をつくり、一日に一度、生活の雑音を遮断し、脳を休めることを目的にしてください。

マインドフルネス瞑想の「マインドフルネス」とは、「意図的に今、ここに意識を向ける」というような意味があります。北米においては現在、**マインドフルネスは認知行動療法の一つとして研究が盛んになっているエリア**でもあります。

瞑想の主な効能
●免疫力強化　●集中力の強化
●うつ病の改善　●血圧の安定化と心疾患予防
●血糖値の安定　●適正な食欲の維持
●安定した睡眠　●外傷等の痛みのコントロール
●第三者への理解や共感力強化
●恐れや不安の軽減　●記憶力の強化

*Meditation: Push-ups for the Brain (Shirley Archer, JD, MA) / IDEA Fitness Journal, January 2013

うつ病などの心理的疾患を薬の投与ではなく、「マインドフルネス療法」と呼ばれる呼吸や自己観察などを軸とした方法で治療していくという新しい考えが、医療の現場でも注目をされつつあるのです。

瞑想初心者でも導入しやすく、手軽で効果が高いということで、ペンタゴンではこの方法をベースにした瞑想法を開発し、それを推奨しています。この瞑想の一番のポイントは、「意識的に、今、この瞬間に意識を向ける」ということです。


瞑想は思考を無にすることがポイントです。しかし、これは慣れないと、なかなか難しいものです。人の思考は川の流れのように、絶え間なく動き続けるため、集中しようとしても頭の中で起こる「思考のおしゃべり」が止まらないのです。

「思考のおしゃべり」とは、**次から次にあふれ出る自分自身との対話**です。人は通常、絶えず心の中で、こうしたおしゃべりをしているものです。

心に引っかかっている不安なことや、未解決のタスク、忙しさゆえに後回しにしてしまっているようなことなど、気がかりなことは誰でもあるはずですが、思考を無にしようと「意識」をすると、不思議とそのようなことが頭に浮かび、感情が動かされてしまうのです。こうした状況に陥ると、精神の静寂にはたどり着けません。

それを防ぐ一番簡単な方法は、「思考を無にしようとしない」こと。「無にしよう」とすると、そこに意識が集中してしまうために、結局「無」にはなりにくいのです。

その代わりに、**周囲で起こっている全く別の状況にフォーカスを置く**のです。それが、「今、ここ」で起こっていることに集中をするということです。耳に入ってくる音や皮膚の感覚だけを、判断などをすることなく、ひたすら観察し続ける、あるいは実況中継をし続けるというような感じです。そうすることで、逆に思考の動きが休息するのです。

「マインドフルネス瞑想」の利点は、まさにここにあります。つまり意識して「無」になろうとしなくても、必然的に思考が無になる状態をつくりやすいのです。また、「座禅を組む」「正座で座る」など、何か「このようにしなければならない」というルールもありません。この手軽さゆえに、ペンタゴンでも上手く瞑想の日常化が広がりました。


瞑想の時間も最初は5分からでよく、いきなり長時間目を閉じてじっとしていなければならないこともありません。兵士たちは実戦の現場でも短い時間を見つけて、瞑想を実践していますが、それでも十分効果があるのです。

現在ペンタゴンでは毎日5分から45分の瞑想が効果的であるとしており、実際のところの**現場での瞑想時間の平均は、約12分**と言われています。

これを毎日続けると、瞑想を行う時間以外も心が穏やかになることを実感することができるのです。

恐らく最初は10分の瞑想でも長く感じるはずです。もしかしたら5分でも、いや3分でも長いかもしれません。しかし、習慣にしていくには、少しずつでもよいので、毎日続けることが大事です。恐らく1か月もすると、瞑想が日々に定着し、10分はあっという間になるはずです。そしてそれはあなたの人生に「なくてはならないもの」に変わっていきます。それと比例するように、脳がしっかりと休まり、思考に余白が生まれ、集中すべきことに集中できるようになるはずです。

あなたは瞑想の力を味方につけることで、カオスそのものの緊迫した場面でも冷静さを保ち、自らを十分に機能させ、最良のパフォーマンスが出せるよう、自らをコントロールできるようになります。これを行うことで、自分の力を出しきることができ、目的達成へと大きく前進することができるのです。

瞑想を習慣化するためのポイントとして、邪魔の入らない静かな場所を選び、「できる限り毎日同じ時間・同じ場所で行う」ことを勧めています。「できる限り毎日同じ時間・同じ場所で行う」ことのメリットは、それを**日々のルーティンとして、定着させる**には効果的だからです。

マインドフルネス瞑想

1 リラックスする姿勢をとります。床に座っても、イスに座っても構いません

2 肩の力を抜いて、目を軽く閉じます。前章で紹介した「基本呼吸」を意識し、リラックスしていきましょう。目を閉じるのが心地よくない場合には、開けたままでも構いません

3 今、この瞬間に起こっていることに意識を向けます。例えば音に集中するとか、風の音、雨音に集中するのでもOKです。ただひたすら、その音だけに意識を向けましょう

4 初心者にお勧めなのは、自分の呼吸に意識を向ける方法です。息を吸う、吐くという、呼吸のリズムにだけ集中してみましょう

5 ゆっくりと呼吸を続けながら、心が落ち着くのを感じながら10分程度毎日これを行います

Module 2 : Meditation　～瞑想～
まとめ

●瞑想は形から入らなくてよい。大事なのは「今、ここ」への集中。リラックスできる姿勢なら床に座っても、イスに座ってもよい

●まずは無理のない時間から始め、毎日行うこと。長く続けるのが難しければ、最初は3分からでも構わない

●呼吸のリズムや外界の音など、何か一点にだけ意識を向けることで「今」に集中しよう

●すでに慣れ親しんだスタイルの瞑想をされている場合は、そのスタイルでOK。瞑想の種類は一つではないし、ペンタゴン式が正解というわけではない（ただし、入門としては分かりやすく、効果が出やすい）

第3講

あなたは どのような人間か 知ろう

認知

Module 3

Awareness

Never send to know for whom the bell tolls.
It tolls for thee.

誰がために鐘が鳴っているかを他人に見に行かせるな。
鐘はお前のために鳴っているのだ

ジョン・ダン

⬟主観を捨て、己を疑う

ペンタゴンでよく言われることの一つに、「己を疑え」というものがあります。「己を疑う」とはつまり、「主観を捨てる」という意味です。

主観や自分の思考の癖が優位になって物事を見たのでは、目の前にある状況や情報を正しく認識できなくなります。目の前にある事実を、「事実」としてしっかり「観察」することなくして、物事を正しく判断することはできませんが、とかく人は自分の中に一定の「真実」や「常識」などを「固定観念」として持っており、なかなか客観的にこの「観察」ができないものです。

客観的に現実を観察できないと、その場で必要な「最良の選択」をすることができなくなります。しかももっと悪いことに、**最良の選択と人生の成功は切っても切れない関係にあります**から、「客観的になれない↓現実を観察できない↓最良の選択ができない↓成功できない」という構図にはまってしまうことになります。

そうならないために必要なこと、それがペンタゴンの考える「認知」の訓練です。

そもそも私たちがミッションの過程で行うすべての行動・選択は、極端な言い方をするなら世界に大きな影響を与える可能性を秘めてもいます。そんなミッションにおいて、客観性を欠いた行動は、当然いかなる場合も許されるべきではありません。

人命救助、山火事、トルネード、地震等の災害時オペレーション、戦地での任務遂行。それらを完璧にこなしていくには、物事を客観的な視点で観察することが絶対不可欠です。

しかも正しく物事を観察し、分析しながらも、一刻を争うような事態への対処では、決断するための「スピード」が重要になってきます。考え得る**可能性をすべて並べ、時間をかけて悩んでいる余裕など正直ない**ことのほうがほとんどですから、ペンタゴンではますます主観や自分の持つ固定観念等を排除し、正しく状況を認知していく力を鍛える訓練が重要視されるのです。

しかし、普段から認知力を鍛える訓練を徹底されている精鋭たちでも、それが上手くいかないことが起こり得る現実もあります。私たちにも痛い経験があるのです。その一例を語る一冊の本があります。それはネイビーシールズの実話が元になった『Lone Survivor: The Eyewitness account of operation redwing and the lost heroes of SEAL team 10』(邦題：

『アフガン、たった一人の生還』（亜紀書房）という作品です。

この本は、実際に2005年に起こった、「シールズ創設後最大の悲劇」とされるミッションを伝える内容となっています。アメリカでは大ベストセラーとなり、2013年12月に『Lone Survivor（邦題：ローン・サバイバー）』というタイトルで映画化もされました（日本公開は2014年3月）。


作者でもあるマーカス・ラトレル二等兵曹は、3人のシールズメンバーとともに、アルカイダの指導者の一人を捕獲するというミッションへと赴きます。彼らが標的を視野に収めることができる山岳地帯の尾根に陣取って間もなく、事件は起きます。

100頭ほどのヤギを引き連れた、3人のアフガニスタン人に遭遇したのです。しかも3人のうち一人は老人、一人はまだ少年。彼らはこの状況下で、大きな選択を迫られることになります。

彼らは武装はしておらず、兵士であるかどうかは不明です。しかし、アルカイダのアジトは目と鼻の先。彼らが自分たちと遭遇したことを、アルカイダに通報する可能性は否めません。そんなことになれば、**自分たちが殺される危険性**も十分に考えられます。

罪のない人間を殺すことは国際法に違反することになります。相手はアルカイダなのか、否か。一方口封じのために殺すべきか、見逃すべきか。法律の問題、相手が兵士であるかどうかの不確実さ、そして人としての良心……。４人は悩みます。

続きは本や映画をご覧いただくとして、少し考えてみてほしいのです。

このような状況下で、人は何をもって「正しい判断」を導き出すのかを。どんな情報をこの状況下で拾い、精査し、とるべき行動を決めるのかを。この物語は、私たちに多くを問いかけます。

本書ではその決断が正しかったのかどうかを、あえて議論しようとは思いません。しかし作品中の、４人が最終的な決断に至った記述に、それぞれの信条や経験、価値観などから来る「葛藤」が見られる点は、見過ごすことはできません。

事件は日本でも話題になった**ハーバード大学のマイケル・サンデル教授の授業**でも取り上げられ、全米のみならず、世界中の人々の関心事になりました。未来が予め分かるのなら、人は当然それに合った判断を下すでしょう。しかし見えない未来に対し、何が「正しいか」を決めるのは、非常に難しいものなのです。

確かに日常生活においては、このような難しい状況に身を置かねばならなくなることは、そうはないでしょう。しかし、運命を変えるような重要な選択を迫られることは、ペンタゴン特有のものなのかといえば、答えは言うまでもなく、「ノー」のはずです。

人生は、あなたが下す「選択」の結果により構成されます。よき人生を送りたいのであれば、よき選択は必須なのです。しかし、人はその選択の背景にあるものの重要性をあまり重く見ていない傾向がある、と言わざるを得ません。

あなたはどんな生き方をよしとし、どんなことを優先するのか。あなたにはどんな信条があって、どんな思考の癖があるのか。他人はそんなあなたをどう評価し、その評価は自分の知る「自分」とどのくらいかけ離れているのか。あなたを取り囲む状況は、あなたにどんな影響を与えているのか。

これらをまんべんなく知り尽くすことは、質のよい選択を常に行うためには本来欠かせないはずです。その**情報を客観的な視点で捉え、かつ目の前の状況を正しく観察すること**こそ、本当は何より重要なのです。そしてこれこそが、ペンタゴンで求められる「認知力」そのものなのです。

⬟自分らしさを見つけるトレーニング

ペンタゴンでの認知訓練は、いかなる状況下でも正しい選択をすることで、「自分の可能性を広げるために行うもの」です。自分という人間を知り、分析し、どのように機能させたら、自らの可能性が最大化するかを導き出すことが、主題と言ってよいでしょう。そのために私たちが重きを置くのは、「組織で自分を生かすためのもの」「自己の資質を向上させるためのもの」という二点です。

人は誰でも「自分はこんな人間だ」というセルフイメージを持っているものです。しかし、本当の意味で「自分を知る」ということは、「知っているつもりの自分を手放す」ということでもあります。

自分を知るための「自己認知トレーニング」の多くは、**自分の内面に自分自身が目を向け、自分らしさを見つける、**というスタイルのものが多いようです。しかし、ペンタゴンにおける自己認知とは、徹底して自分を客観視することにより「自分」を見つけていくことです。

私たちが「自分」と捉えるべきものは、自分が認知する「自分」と、第三者の目に映る「自分」の二つの要素を反映させたものです。

先に述べたように、人間は「自分自身」に対してとても主観的ですから、自分の視点や理解だけで自分を認知していたのでは、正しい自己認知とは言えません。

また、人間は、自分が置かれている環境や自分を取り巻く状況によって、常にコンディションが「変化する」生き物です。自分の関わる環境からの影響を知ることなしに、適切な行動を選択することはできません。そして適切な行動なしには、自分が望んでいる成功を収めることなどできないのです。

「自分」という人間を構成する要素は、自分が思っている以上に複雑です。自分が気づけていない、**自分の思考や行動のパターンを外部情報から得る**ことは、成功に向かって機能する自分自身を構築するために必要なことなのです。

ですからペンタゴンにおける「認知」は、常に視点を変えた要素で捉えます。そのための基本として、私たちは常に認知を「三重構造」で考えます。構成される三要素は「自己」「状況把握」「外的要因」の三つ。この構造全体をもって、「知るべき自分」と定義します。三つのどれが欠けても、正しく自分を知ることも、自分という人間を完全に「機能」させることもできません。

　まず三重構造の「自己」とは、いわゆる「自己認知」のこと。自分の内面や、資質を知ることを指します。

　次に「状況把握」ですが、これは「自己と関わる周囲の状況を正しく認識する」ことを指します。他人との関わりの中での自分の立ち居振る舞いや、自分の立ち位置が適切であるかなどを認知すること。それができて初めて、人は**望ましい方向に予測を立てて行動することが可能**となります。自分の行動や言動が、周囲に与える影響を知ることも、このエリアに入ります。

　一番外側にある実線で囲まれた部分は「外的要因」です。これは、世界情勢や自分を取

認知の三重構造：知るべき自分

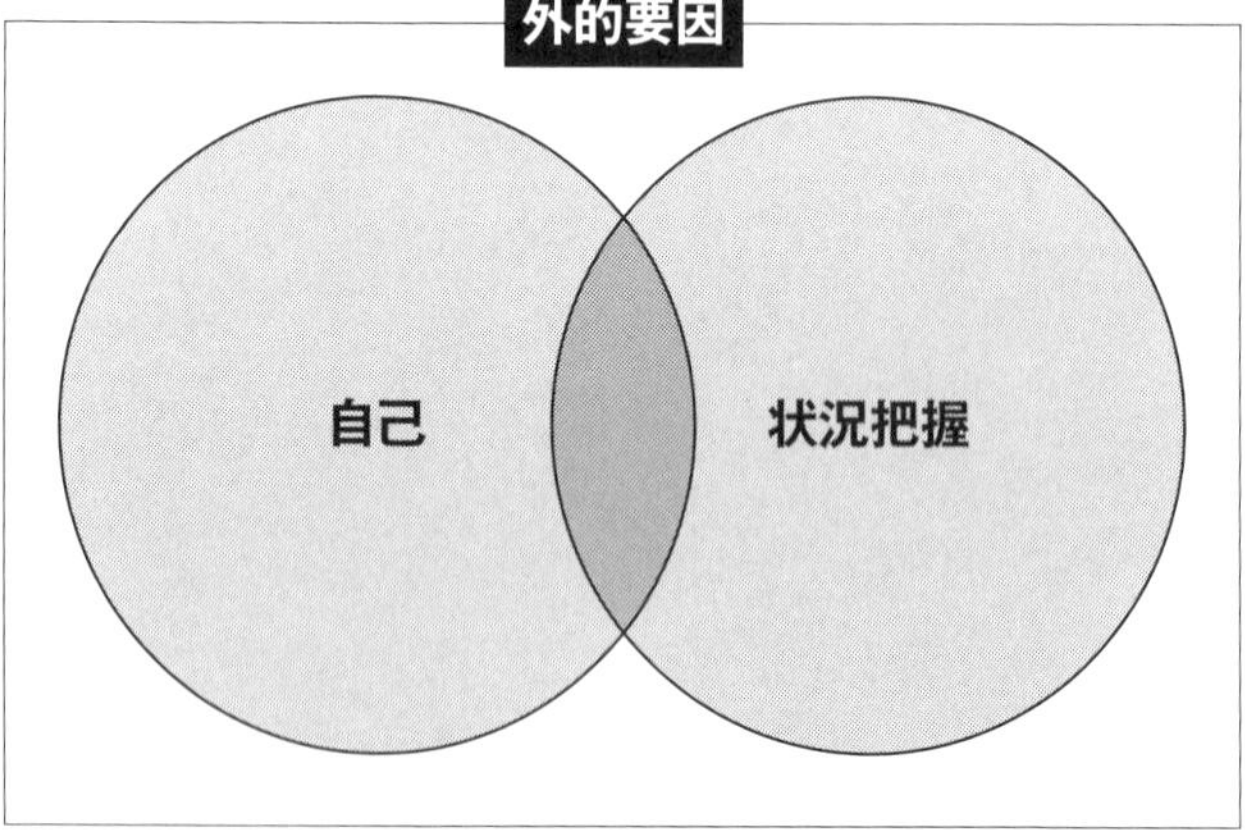

り巻く環境など広い要素を示します。人は皆、環境や社会との関わりの中で生きているわけですから、それらを正しく理解し、自分との関係性や関わりを意識することは、非常に重要です。

私たちは、一人一人が「自分」という独立した存在ですが、社会の一部でもあります。自分の所属している組織、住んでいる地域、国、そして世界。治安や経済の動向などは、一見関係ないようでいて、実はダイレクトに自分自身に影響を与えているものなのです。まずは、この構造をしっかりと理解してください。

常に、自分を取り巻く社会環境に対して敏感でありましょう。「自分には関係ない」と思うようなことでも、積極的に知る努力をすることが大切です。テレビや新聞、インターネットなど、情報を収集するツールはたくさんあります。とにかく、**社会に対して無知にならないこと**です。

そして、自分を正しく知るためには、常に冷静な目で物事を客観的に見るように心がける必要があります。特に、自分が「真実である」と強く思うことに対する行動や考え方には、普段からしっかりと分析する癖をつけるべきです。自分の主観によって総体化された価値観や信念体系は、結果的に人生の可能性を狭めてしまうことになりかねません。そんなことで、自分の人生に限界をつくってはいけません。

ですから、たとえ自分が「こうだ！」と信じていることであっても、**常に冷静に、丁寧に情報を読み取り、俯瞰《ふかん》的でいる**よう心がけることを私たちは皆、忘れるべきではないのです。

自分自身についてのデータを集める

ペンタゴンにおける「認知トレーニング」で一番基本となるのは、「認知」の三重構造の核、「自己」を認知することです。

これは簡単に言うなら、自分がどんな価値観を持ち、どんな長所、短所があるかを、自らが把握することです。

先にも述べたように、ペンタゴンでは「組織で自己を生かすこと」と、「自己の資質を向上させること」の二点に重きを置いて、自分に対する客観的な視点を磨く指導や認知訓練が行われています。そこで忘れてはいけないこと、それが「自分を構成する要素は、思いのほか複雑だ」ということです。自分の自己評価がイコール「自分」ではない、そのことを私たちは徹底的に意識するよう指導を受けています。

そのため正しい自己認知をするために私たちが最も重要視するのは、「客観的情報」なのです。主観的な目で自分を分析したところで、十分な自己認知はできないと考えるためです。

もちろん自分の心理的な動きについて自分で「気づく」訓練や、感情や心の動きに目を向けて行う「自己認知」も有益です。世の中には、そうした方法で自己認知を促すツールも、たくさん存在しますし、それらを使って自分を知ることも意味があると思います。

しかし、**最もパワフルに自分自身について知る方法**は、他でもない、他人の評価や客観的データによって見えてくる「自分」を知ることです。思考のパターンや性格などの内面的なことや、外見や表情の使い方など外面的なことも含め、「自分を構成する要素を自分が完全に知り尽くす」のです。

これは、ペンタゴンに限らず、どんな組織にいようが、あるいはたとえ何かの組織に属していないとしても、望む人生を実現していくには不可欠な視点です。ですから皆さんにも、ここで私たちがどのように自己認知を行い、正しく自分を理解するのかを知ってほしいのです。

⬟耳が痛い指摘こそ成長のチャンス

ペンタゴンではそもそも、他人に対する「フィードバック」を常に行うよう、習慣づけがなされています。気づいたことはすぐに相手に伝える、どんなことも指摘しあうなどは、私たちにとっては当たり前のことです。言いにくいようなことも、あえて忌憚《きたん》なく話し、共有しあうことが、任務の精度を高めるのを、皆知っているからです。

しかしフィードバックに慣れていないと、他人から自分に向けて投げられた言葉に、一喜一憂することが多いはずです。特に**自分が聞きたくないような耳触りのよくない指摘**等を受けたりすると、それを「攻撃」ととってしまうことも少なくありません。

しかし、そういう気持ちになるときほど、私たちは冷静になるべきです。成長するチャンスの種をせっかく第三者から与えてもらって、それを「攻撃された」などという思考で捉えるなら、それは人生の損失でしかないからです。

フィードバックをパーソナルな「攻撃」として捉えてしまいたくなるようなときこそ、今まで気づかなかった「自分自身」に出会うチャンスなのです。それをマイナスに捉えることで、みすみす成長する機会を無駄にすべきではないはずです。

私たちにとって、フィードバックから見えてくる「自分自身」は、自分を高めるための「有益な情報」であり、それ以上でもそれ以下でもありません。したがって、その内容が、たとえ自分の意に反していたり、**感情的な葛藤を呼び起こすようなものであったとしても、それを個人的な攻撃として受け取らない**ように徹底指導されます。

他人からのフィードバックに慣れていない場合、指摘を素直に受け入れられないということもあるでしょう。しかし、自分を正しく「認知」するためには、それらに耳を傾けることが必要不可欠なのです。ですから、どんな人から投げかけられた言葉も、まずはただ情報として受け止めるように心がけてください。これが正しい認知への第一歩です。

⬟私はどんな人ですか？　取材してみよう

次にもう少し突っ込んだ形で、訓練として行える認知トレーニングを解説します。まず最初に皆さんに勧めたいのは「フィードバック・キャラバン」という方法です。これは文字通り、自分に対する評価を様々な人に聞いて回ることを意味します。

方法は簡単です。知人たちに協力してもらい、自分がどのように彼らの目に映るかを話してもらうだけです。

ただし、一つ注意点があります。それは、フィードバック・キャラバンを行う際には、**必ず複数の、様々なカテゴリーの人に話を聞いて回る**ようにするということです。

家族、同僚、趣味の仲間、学生時代の友人、メンターと呼べるような、人生の先輩。男女や年齢なども、なるべく幅広いエリアから声を拾います。

このキャラバンを行うにあたって、私は特に仕事に関わる人間以外からのフィードバックを生かすよう、勧めています。職場の「自分」から離れた所に存在する「自分」は、職場のそれとは違う側面を持っているためです。

人間には当然、多様な側面がありますから、付き合う人や関わる人によって、「自分」

という人間の役割も変わってきます。

——自分がどの役割のときに、どんな顔を見せているのか
——自分は誰といるときに、どんな態度をとりがちなのか
——人によって自分の印象が変わるなら、それはなぜか
——一緒にいる人によって、自分の態度が変わるなら、それはなぜか

複数のカテゴリーの人に話を聞くことから得られる多彩な情報から、無意識のうちに自分がつくっている、「自分」という人間の中に存在するいくつもの側面が見えてくるはずです。複数のカテゴリーの人に話を聞いてこそ、キャラバンが威力を発揮する理由は、そこにあります。

フィードバックをもらう際のポイントとしては、**できる限り正直に、具体的に話してもらう**ことです。話してもらう具体的なエリアとしては、

——長所と短所

——改善すべき点
——話し方や身体の動かし方についての癖（身ぶり手ぶり、口調の遅い速いなど）
——表情
——きびきびしているか、のんびりか、冷静か興奮しやすいか
——明るい印象か、暗い印象か

などがあげられます。

フィードバックは、自分の意志には関係なく、他人が自分を見たときに感じる「評価」です。あくまで一つの「情報」に過ぎません。その情報に、一喜一憂する必要はありません。そのことを忘れないようにしてください。

中にはあまり耳にしたくないような言葉を聞く場合もあると思いますが、とにかく「受け止める」、ということを心がけてください。何度も言うように、**決してパーソナルにはとらない**こと。重要なのは、それらを「客観的な自分に対する情報」という形で、しっかり認知することです。

また、他人に自分の特徴や改善点などは聞きにくい、という人もいるでしょう。協力を

フィードバック・キャラバンシート

現在、＿＿＿＿＿＿＿氏はペンタゴンアカデミーのセルフディベロップメントプログラムにおいて、自分の特徴を把握するという学びを行っています。
＿＿＿＿＿＿＿氏をよく知るあなたからの情報が、とても重要なものとなってきます。
ぜひ、率直な意見をいただければと思っております。

●＿＿＿＿＿＿＿氏の特徴

・長所としてあげられる特徴
（　　　　　　　　　　　　　　　　　　　　　　　　　）
・短所としてあげられる特徴
（　　　　　　　　　　　　　　　　　　　　　　　　　）
・あなたが好ましく思う点
（　　　　　　　　　　　　　　　　　　　　　　　　　）
・改善すべき点
（　　　　　　　　　　　　　　　　　　　　　　　　　）
・怒りを感じたときの表し方
（　　　　　　　　　　　　　　　　　　　　　　　　　）
・喜びを感じたときの表し方
（　　　　　　　　　　　　　　　　　　　　　　　　　）
・物事の捉え方の傾向として（どちらかといえば）：Positive or Negative
（このように感じた理由：　　　　　　　　　　　　　　　）
・　明るい印象　　OR　　暗い印象
・（どのようなことから?：　　　　　　　　　　　　　　　）
・体の動かし方の特徴としてあげられることは?
（　　　　　　　　　　　　　　　　　　　　　　　　　）
・話すときのスピードは?　　　速い　　OR　　ゆっくり
・話すときの癖などは?
（　　　　　　　　　　　　　　　　　　　　　　　　　）

下記の中で当てはまると思われるものは?

おだやか／冷静／のんびり／興奮しやすい／やさしい／臆病／わがまま／あたたかみのある／冷静／情熱的／豊かな表情／テキパキしている／謙虚／自信に満ちた／説得的／実直／積極的／論理的／頑固／さばさば／おとなしい／親切／真面目／臨機応変／従順／照れ屋／用心深い／勝気／不器用／個性的／負けず嫌い／粘り強い／大胆／寡黙／人懐こい／繊細／おおらか／マイペース／優柔不断／心配性／正直／気まぐれ

お願いする相手にしても気を使うし、相手を戸惑いや不信に追い込むのではと、不安になる場合もあるでしょう。そんなときには、前ページのフィードバック・キャラバンシートなどを利用してみるのもよいと思います。

これは、予め書かれた質問事項に対し、協力者が回答すればよい形の、いわばアンケート形式のものです。口頭でなかなか言いにくいことも、アンケートという記述式の形態をとれば、相手も答えやすくなるでしょう。

余談になりますが、実はこのフィードバック・キャラバンは、私が行うセミナーでも、最も盛り上がる部分の一つです。セミナーは初対面同士が顔を合わせることも多いのですが、トレーニングの最後に必ず、「フィードバック・タイム」を設けます。

相手の印象や話し方、身ぶり手ぶりの特徴などを指摘しあうわけですが、**自分に対して何の先入観もない、初対面の人間**から、率直に語られる「自分自身の姿」には、皆さん一様に驚きを隠せない様子です。思わぬ気づきを得たという感想も、非常に多く聞かれます。

このようにあなたの「真の姿」を的確に指摘してくれるのは、初対面の相手かもしれないのです。

「自分のことは自分が一番よく知っている」という人もいます。それはある意味正しく、ある意味間違っています。自分が思っている自分自身と、他人が見ている自分自身の姿は、大分異なっている場合が多いためです。

私も第三者から見た自分への評価に、とても驚いた経験があります。

まだ若い頃、当時の上官に「お前は背が高いから、それだけで威圧的だ。そのことをもっと意識しろ」と言われたのです。これはとてもショックなことでした。私は、人の話を丁寧に聞くことを心がけていましたし、ましてや権威的に振る舞う士官ではないと、自己評価をしていたからです。私にとって、上官からのこの指摘はまさに衝撃そのものでした。

それまで、私は自分の背の高さなど一度も気にしたことはありませんでしたが、**気にもとめていなかった自分の外見が、人に与える印象に影響を与えている**のだということを、そのとき初めて実感したのです。このフィードバックを受けたことにより、私は部下の前に立つときは、威圧感を出しすぎないよう、表情や姿勢、話し方などを意識して整えることにしました。私は深く、あのときの上官の指摘に感謝をしています。

コミュニケーションは、ボディランゲージなど非言語化された要素が8割、言葉が2割で成立すると言われています。身体的な特徴、話し方、身ぶり手ぶり、声の大きさ、トーン、顔の表情など。これらはすべて自分が意図しようがしまいが、自分という人間の評価を決める大きな材料になります。

このように、ちょっとした外見の特徴が影響し、人は第三者に勝手な印象を抱くものです。人が自分を評価するときの視点は、自分のそれとは違うものという意識を徹底的に持つべきです。そしてもらったフィードバックに不快感を覚えるようなことがあれば、それこそが、あなたを改善させ、現在の可能性をさらに広げる、チャンスだと思ってください。

目の前にいる人は、どんな人もあなたに気づきを与えてくれる「師」かもしれない。そのように、普段から思うようにしましょう。キャラバンを行うとき以外にも、人の言葉には心を傾けるようにしましょう。

どんな人の指摘も、どんな人の意見も、**あなたに向けられた言葉は、あなたを成長させる糧になる**ことを、常に忘れないようにしてください。

⬟習慣のモニタリング――日誌をつけてみよう

次に実践していただきたいものが、「習慣のモニタリング」です。

「習慣のモニタリング」とは、自分が習慣としていること、日常のルーティン化していることを、客観的にデータ化するというものです。

その方法として我々が取り入れているのが、ジャーナル、つまり「日誌」の活用です。

日誌をつけることは、**一人で行うことができる、最もシンプルで優れた客観的情報収集法**であると言えます。

よく似たものに「日記」があります。日記はその日にあった出来事に対する自分の感情や考えなど、個人的で主観的なことを書き記すことです。

一方、「日誌」はあくまで日々の記録です。自分を分析するために、自分の行動を細かく書き出すためのものであり、自分で作業をするものでありながら、非常に客観的な性質を持っています。

日誌は日々の記録であるだけではなく、「よい習慣」を生み出すのに、最適なツールと言えます。人にはそれぞれ、日々の生活パターンというものがありますが、日誌をつけることで、**自分がどのように生活しているか認知し、分析する**ことが可能になります。正しく分析ができれば、そこから得られる気づきを元に、パターン化した行動様式そのものを修正し、新たな好ましいパターンに変えることも可能になるというわけです。

日誌は朝晩、記録するのがベストです。**1** 計画、**2** 記録、**3** 分析、の三要素を記録するようにしてください。

日誌のつけ方

1 計画

その日に行うべきことを列挙します。優先順位も書き記しておきましょう。

やるべきことがその日のうちに終わったかどうか、優先順位通りに進めることができたか、終わらなかった場合はなぜ終わらなかったかなど、最後に分析しメモをします　＊3 分析、を参照

2 記録

記録とは、時間軸ごとに自分が何をしたか、どう行動したかを書き出すことです。細部にわたって、丁寧にその日の「自分」を記録します。感情や行動への感想などは加えず、どんなことがあったかを淡々と記録しましょう

記録することがらの参考例

――何時に起きたか
――どんな洋服を選んだか
――どんな通勤経路で会社に行ったか
――ランチは誰とどこでとったか
――帰宅したのは何時だったか
――帰宅後は何をしたか
――夕食には何をつくり、誰と食べたか
――どんな本を読んだか

3 分析

自分の行動様式が、どのようにパターン化されているかを最後に分析し、そこで得た気づきをメモしておきます。

一つ一つの行動の中で、改めねばならないようなことや、改善の余地があることをも記録するようにします。

1でもすでに解説しましたが、立てた計画が、予定通りに実行できたかも分析し、記録します

日誌

本日の予定 & 計画		記録	分析メモ
	6:00		
	7:00		
	8:00		
	9:00		
	10:00		
	11:00		
	12:00		
	13:00		
	14:00		
	15:00		
	16:00		
	17:00		
	18:00		
	19:00		
	20:00		
	21:00		
	22:00		
	23:00		

日誌(記入例)

本日の予定＆計画		記録	分析メモ
起床	6:00	10　起床・身支度 ピンストライプのダークスーツに赤ネクタイ	
	7:00	電車で移動1h スマホでSNSやニュースCheck	B社アポ 気合い入れるために赤ネクタイ。
	8:00	30　会社到着	SNS・ニュースではなく、読むつもりの本を読むべきだった。
出社	9:00		
meeting	10:00	プロジェクトmeeting 参加者 ○○さん、△△さん	来週火曜までに資料作成
	11:00	来週までの課題が明確化 30	meetingの効率化を検討すべき→1h以内に!!
	12:00	LUNCH 1人で焼き魚定食(ごはん、味噌汁、冷やっこ)	
アポイント A社	13:00	A社S氏来社	
	14:00	30	
	15:00	Uさんと移動(電車) B社アポの内容確認で	
アポイント B社	16:00	他部署Uさんと共に訪問 B社はK部長と担当Mさん	準備不足。 追加資料は事前に想定できたのでは?
	17:00	30	
	18:00	帰社　B社用資料作成	資料作成に時間がかかりすぎ。 余計な情報収集をしないためにNetを見ない必要あり。
	19:00		
スポーツジム	20:00	先輩Oさんに誘われて居酒屋 ビール3杯焼酎2杯 刺身、サラダ、からあげ他	ジムに行けなかったのは残念でもOさんに久しぶりにカツを入れてもらったので結果OKとする。
	21:00		
	22:00	30　電車に乗る／寝る	
就寝	23:00	23:30　帰宅・シャワー 24:30　就寝	就寝遅い。 できるだけ24時前に!!

⬟自分と家族の関係も見えてくる

日々日誌をつけ続けると、自らの習慣がどのように変わり、どのように改善されたかが分かるようになります。

また、日々立てていくその日の計画も、日を追うごとにより精度が上がるはずです。計画の優先順位のつけ方も、遂行の仕方も、日誌をつけることで得られる気づきによって、より意図的で賢明になります。

一つ参考になる例をご紹介します。軍時代の私の上官は日誌をつけることで、仕事だけではなく家庭と任務のバランスがとれるようになったと話してくれたことがあります。彼は仕事の日誌とは分ける形で、プライベート日誌を生活に導入したそうなのですが、そのことにより、家族との絆《きずな》が深まったそうです。

軍人でいると、宿命的に国際情勢によって自分の生活そのものが大きく影響を受けることがあります。当然有事には任務優先ですから、たとえ**家庭内で何か約束があっても、後回しになるのは避けられないこともある**のです。

また、指揮官のような重要なポジションにいれば、日々が「突発事項」の連続となるために、どうしても仕事が優先となってしまいます。そうすると小さな約束であればあるほど、家族のことは後回しになりがちです。

当然軍人の家庭のことです。家族もそうした心構えはできてはいます。しかし頭では理解していても、毎度家族との約束が後回しになる状況では、家族もストレスを溜めてしまいます。約束を守れないほうもストレスです。そこで彼は、プライベート日誌をつけ始めたのでした。

そうすることにより、彼は家族との約束をそれまでよりずっと守れるようになったと語っていました。たとえ守ることができなかった約束があったとしても、それを埋め合わせるプランを立てたり、翌日の予定にできなかったことを加えるなど計画が立てやすくなったそうです。

さらにプライベート日誌をつけて分かったことは、どれだけ自分が軍の任務優先だったかということの客観的認知でした。自分が**想像していた以上に、任務の都合上家族を二の次にしていたの**を理解したことは、驚きだったといいます。

このように、日誌の活用による客観的な気づきは、仕事だけではなくプライベートも豊かにしてくれるのです。自分が何を優先して日々過ごしているかという認知が正しくできれば、時間の使い方、優先順位のつけ方の工夫などを検証することができるようになり、生活の質は向上するはずです。

今日からさっそく日誌をつけ、**自分という存在がよりよく機能するためのツール**として、活用してください。パターン化した生活様式に気づいたら、それらのパターンはしっかり分析し、好ましい「習慣」になるよう、日々努めるようにしましょう。

日誌は、あなた自身の「成長」の記録にもなるはずです。

Module 3 : Awareness　～認知～
まとめ

●人間はそもそも主観的である、ということを念頭に置くこと

●「自己」「状況把握」「外的要因」の三点を把握することで、「知るべき自分」を理解することができる

●認知は、客観的な情報を元に行うようにすること

●自分の習慣をモニタリングするのにふさわしいのは、日誌。日誌は一人で使える、客観的な自分を知るツールであることを理解し、活用する

●第三者からのフィードバックは、情報として扱い、自分にとってネガティブな意見だとしても「受け止める」ようにすること

第4講

「自分が何を知らないか」を知る

知識

Module 4

Knowledge

The truth of the matter is that you always know the right thing to do. The hard part is doing it.

何が正しいかを知っていることは重要だ。
しかし難しい点は、
それを行動に落とし込むことだ

ノーマン・シュワルツコフ

◆「知識」は多ければよい、というものではない

「博学、それは学問に励む人間が陥る一種の〈無知〉である」

これは、19世紀末に活躍したアメリカのコラムニスト、アンブローズ・ビアスの言葉ですが、なかなか辛辣《しんらつ》で皮肉たっぷりに、「知識」というものの神髄を語っています。

「あれこれ学んでも、その知識を生かすことができなければ、無知であることと変わらない」

言葉の意味を解説するなら、恐らくそんなところに落ち着くでしょう。

ちなみにこれは、彼が書いた『悪魔の辞典』という本の中にある言葉ですが、アメリカではとても人気があり、1世紀以上経っても愛読者がたくさんいます。

しかし**あまりに強烈なブラックユーモア満載**のため、真面目な方には、決してお勧めできません。生きるためのヒントは満載ですが、刺激が強すぎるようです。

実は、うっかり部下に勧めて読ませたことがあるのですが、彼は本の言葉が頭から離れず、あまりに考え込んでしまい、数日寝込んでしまったほどです（私は大好きな本なので

すが……)。

さて、少し脱線しましたが、話を元に戻し、本題に入ります。

私たちが「何かを成し遂げよう」とするとき、人はその具現化のために、様々な知識を吸収しようとします。知識の習得は、人に教えを乞うて得るものであったり、経験から得るものだったりと、実に様々です。学校に行くのも知識の習得には役立ちますし、ずらりと本を並べ、かたっぱしから読むのも一つの方法です。

自分が選ぶ職業によっては、必要不可欠な「知識」もあります。弁護士になるためには、法律の勉強は不可欠でしょうし、資格もとらねばなりません。パイロットになるにも、医者になるにも、特別な知識や訓練が必要です。

会社に入り、その企業のルールを学ぶこともまた、知識の習得です。スポーツや絵画、茶道、華道など、趣味の世界を広げるにも、知識の習得は必要でしょう。

知識とはこのように、私たちの生活と常に密接しています。

学びがない人生は、ありません。人は意識する、しないにかかわらず、**日々何らかの知識を学びながら、過ごしている**と言ってもよいほどです。一見無駄に思えるような知識が、思いもよらぬときに威力を発揮することもあるでしょう。

しかし、今一度思い出してほしいのが、ビアスの言葉です。世の中には誰より知識がありながらも、なぜか成功できない人が大勢います。残念ながら知識の量と成功は必ずしも比例しません。

例えば、年間に何百冊本を読もうが、ありとあらゆるセミナーに出席しようが、それを何も活用できないのであれば、全く意味を成しません。活用の先がキャリアであろうが、趣味であろうが、知識は「使ってこそ」と言えます。たまに**知っていることの数の多さだけをとって、それを自慢する人**もいますが、ハッキリ言ってそんなものは自己陶酔、全く無意味です。

恐らくあなたの周りにも、思い当たる人はいるでしょう。

——誰よりも資格をたくさん持っているのに、何のエリアにおいてもプロとは言えない人
——真面目に学んでいるのに、試験では毎度失敗。結局目標にたどり着けない人
——頭脳明晰《めいせき》なのに、成功できない人
——器用貧乏で何でもできる印象はあるが、一体何屋なのか、さっぱり分からない人

あなたは、決してこのような人の仲間に入ってはいけません。

また知識量や専門性をはかるものとして学歴がありますが、学歴が高ければ人生成功するかといえば、それも嘘《うそ》です。逆に一般的に学歴が低いということは知識量が少ないとみなされる場合がありますが、それも正しくはありません。


例えば有名な発明王のエジソンや日本の経済界の巨人とも言える松下幸之助氏が、小学校中退というのは有名な話です。学歴がなくても、成功できる人はできるのです。

知識を生かせない人には、ある種の特徴があります。それはあなたの勤勉さや、努力にあまり関係ありません。いくら**真面目な努力家でも、ダメな人はダメ**なのです。

では一体、成功が知識量や学歴ではないのなら、成功するのはどんな人なのでしょう。

そのような人は、単に運がよいのでしょうか。まぐれや偶然のおかげで、成功しているのでしょうか。どうしたら学んだ知識が、本当の意味で成功につながるツールになるのでしょうか。

私にはどのように知識を積めば、人生の成功に繋がるのかが分かります。なぜならペンタゴンにいると、「努力してもダメな人」には決してならない訓練を受けるからです。知識は持っているだけではダメで、その「マネージメント法」を理解していなければならないのです。
私たちの世界では、「学んだ分だけ、任務に生かす」が基本です。正しく、深く、しかし効率よく学び、様々なシーンで一度学んだ知識を応用するというのも基本です。私たちは知識を蓄積する際に、その知識をフルに生かせるように整理しながら学ぶ習慣を身につけています。そして実際にそれができないと、私たちの仕事は務まらないのです。

——「知識を有益に使っていく」

それを可能にする秘密が、「知識の落とし込み方」、そして「知識の仕分け方」という二つの方法に隠されています。この方法を知ることで、あなたの人生は大きく変わるはずです。知識は単なる「情報」ではなくなり、**人生の可能性を拡大するツールへと確実に変わる**からです。
知識を生かせる人と、そうでない人の差はごくわずかしかありません。学んだ知識を次々に生活に生かし、自らの可能性を最大化していくことを望むのであれば、今ここで、その「差」が何かを知ることです。

⬟誰にでも成功するチャンスはある

本題に入る前に、まずお伝えしたいことがあります。

それは、ペンタゴンでは「知識」を、経験・学習・訓練によって、誰もが身につけることが可能なものと定義づけている点です。これは、経験を積み、学習をし、必要な訓練を反復的に行い、完全に機能するまで丁寧に自分をつくり込めば、**誰でも、どのような知識でも習得可能である**という主張でもあります。

そもそもペンタゴンでは、才能や生まれつきの能力だけで判断されることはありません。誰にでも学びの機会は平等に開かれています。私たちは最初からエリートを選《え》りすぐって構成された組織では、決してないのです。一般企業ではありませんから、優秀な人材を外部からスカウトしたり、ヘッドハンティングするようなことも、非常に稀《まれ》です。

確かに昇進までの過程では大学の学位の取得を含め、必要な学問をトレーニングの一環として習得することを、かなり厳しく求められます。しかし、最初から学歴やバックグラウンドを持っていることが重要視されるわけではありません。

任務に見合う人材になるための厳しい訓練を受け、その厳しさに打ち勝つことで、誰もが自分の可能性を広げ、キャリアを築くことができる。真のリーダーを一から創造することも、ペンタゴンが大事にしている哲学の一つと言ってよいでしょう。

例えば**ネイビーシールズなどに代表される少数精鋭の特殊部隊も、基本的には自主志願によって集められます**。入隊までの経歴などには左右されず、すべては、本人の意志次第で決まるのです。

志願者たちはその狭き門をくぐりぬけるために、過酷なトレーニングに挑みます。身につけた知識を生かし、緊迫した現場でもそれが通用するまでに完全に自分を「つくり込む」のです。

知識があってもそれを生かせない人間は、緊張した現場においては、一番不要な存在になります。そのような人材は、残念ながら一線の舞台から外れるしかありません。学んだことはみな「使えてこそ」であり、決して机上の論理であってはならないのです。そのために私たちは、**実戦で生かせる知識の構築を心がける**のです。

知識を正しく積むことができれば、それは未来の人生の土台にもなります。その証拠に、自分をしっかりと構築し、そこで成功したペンタゴンエリートたちは、その知識を生かし、応用し、引退後も引く手あまたの傾向であるという事実があります。

例えばペンタゴン出身のエリートには、アメリカを代表する人材もたくさん含まれます。ドワイト・D・アイゼンハワー、ジョージ・H・W・ブッシュほか、歴代のアメリカ合衆国大統領はこぞって米軍出身者ですし、政治家、学者をはじめ、月面着陸で有名なニール・アームストロングなど宇宙飛行士にも軍出身者が大勢います。

また、フェデックス創立者のフレデリック・W・スミス、ウォルマートの創業者サム・ウォルトンなどに代表される実業界リーダーに至るまで、軍・文官出身を問わず、その顔ぶれは実に華やかです。

このように、私たちの組織出身者には、成功者が多いのです。

彼らの中には、最初から才能豊かな人も存在したかもしれません。しかし、それを凌駕《りょうが》するほどの学びと習得への情熱を持っていればこそ、その成功を収めることができたのでしょう。先にも述べた通り、ペンタゴンで与えられるチャンスは平等です。それらを勝ち得て、あらゆる経験や知識を味方につけ、自分の可能性を開いてきたのが彼らなのです。

ペンタゴンが優秀な人材を輩出し続ける秘密、それは私たち特有の「知識の蓄積の仕方」にあるのです。習得した知識をどのように扱うのかという、**知識のマネージメント法を知ることで、あなたも学んだ知識が本当に生きる**ようになるはずです。

自らが目指す成功、それを可能にする自分をつくり上げるために、正しく知識を増やし、可能性を広げる。これは、誰もが可能なことです。自分の可能性が無限大であることを、もう一度、強く認識しておきましょう。成功するためには、「正しい努力を続ける」ことに勝る方法はないのです。

⬟1万時間の反復訓練理論

まず最初にお伝えしなければならないのは、知識の習得には残念ながら裏ワザも近道もないということです。時には気の遠くなるような訓練を繰り返し続けながら、確実にその知識を自分の中に落とし込む作業は、どんなことを究めるにも重要でしょう。

その落とし込みの手法として、ペンタゴンでは「シミュレーション」と「反復訓練」に重点を置いています。私たちが何か新しいことを学ぶ際には、知識を「理論として」学ぶこと以上に、「実践」として経験していくことが重要視されます。職務上危険を伴う任務が切り離せないという現状から、シミュレーション訓練を多用するのです。考え得る様々な困難を取り上げ、ケーススタディとして事例検証しながら、現場で使うスキルや技術を磨きます。

これは軍のみならず、多くの教育の現場でその「有効性」が認められている知識の構築法でもあります。事実、世界の名だたる教育機関が、この「ケーススタディ」を教育方法として採用していることにも、注目すべきでしょう。

例えば、アメリカのみならず、世界のリーダーたちを多く輩出している**ハーバード大学**や**スタンフォード大学**、**コロンビア大学**などの**MBAプログラム**では、気の遠くなるような事例検証が教科の必要課題です。シミュレーションするその事例数は200とも250

とも言われており、ビジネスの理論やマネージメント理論以上に、事例検証に時間をかける場合も少なくないといいます。その事例検証があってこそ、学んだ知識が生きるのです。

この点からも、「シミュレーション」という教育法が、知識習得の手法としては非常に理に適《かな》っているということがうかがえます。

その技術をさらに確かなものにするためにも絶対欠かせないものこそが、「反復訓練」です。文字通り、一つの知識を確実なツールとなるまで、何度も繰り返し学び、実践し、どんな状況下でもそのスキルを使いこなすことができるまで訓練するというものです。

反復的に学ぶことの有効性については、様々な研究が世界中でなされていますが、中でも神経学者のダニエル・レヴィティンが述べている1万時間理論には、非常に興味深いものがあります。それは、「どんな才能や能力を持っていたとしても、プロフェッショナルになるためには、1万時間の訓練をし続ける必要がある」というものです。

ペンタゴンでの知識の積み方は、まさにこの1万時間理論を体現するような形をとります。中には、**24時間体制の反復訓練を徹底させるような事例**もあるほどです。そしてその手法をとることによって、驚くほど短期間で現場で通用するスキルを身につけさせることも可能になるのです。

その分かりやすい例がペンタゴンの誇るDefense Language Institute（DLI）の存在でしょう。これはペンタゴン傘下の語学教育機関なのですが、その実績から考えても、現状世界最強の語学教育施設と言っても過言ではないと思います。

DLIが際立っているのは、**入門するとわずか1年足らずでどんな外国語も、完全にマスターできる**という点です。アラビア語や中国語、タイ語など、私たちの母国語である英語とは接点がないような言葉であっても、半年から1年半も学ぶと国防の現場での語学スペシャリストとして、完全に機能するようになるのです。

国防の現場では、語学スペシャリストの存在は欠かせないものです。語学が全く誰も分からない状態で部隊を敵地、危険地へと送り込むことは、いかなる場合もできないからです。彼らが活躍する現場は、諜報《ちょうほう》活動、爆発物処理班、ネイビーシールズやグリーンベレーなどの特殊部隊、犯罪特別捜査官など様々ですが、そんな難しい現場でも完全に機能する語学力を身につけるためにDLIが用意している学習期間は、常識から考えれば、驚くほど短いと言えます。

しかし語学スペシャリストたちは、短期間でも、そしてどんなに難解でも、その言語を完璧に習得するのです。しかもゼロの状態から。

この学校はペンタゴン、連邦政府の捜査機関の職員が対象となるため、一般の人間が門戸を叩《たた》くことはできません。教育法も特殊であり機密になっている部分も多いのですが、間違いなく言えることは、彼らが短期間で語学エキスパートとして巣立っていける理由の一つに「反復訓練」の存在があるということです。

単語、文法、日常表現、文化背景の理解に至るまで、DLIでは学ぶべき**すべての知識を何度も何度も繰り返し学ばせる**ことによって、外国語を使える知識として落とし込みます。たった1年という、わずかな期間に行われる膨大な反復訓練が、語学の達人を生み続けているのです。

DLIの例でも分かるように、反復学習の成果は知識を生きた形で構築するのに非常に有益です。できてもできなくても、繰り返し訓練を続けることで、最終的には知識は血となり肉となるのです。

⬟自分の持っている「知識」の傾向を知る

ここからは、習得する知識をどうマネージメントしていくか、という部分に論を進めることにします。

すでに身につけている知識を真に生かすためにも、これから新しい知識を身につけるためにも、知識はその「生かし方」を知ることが大切です。

ペンタゴンのエリートたちは、知識を蓄積する際に、その**知識をフルに生かせるように整理しながら学ぶ習慣**を身につけています。

階級を上げ、責任の範囲が広がるほど学ぶことの量が増えていくため、「知識の構築の仕方」に長《た》けていなければならないのです。

まずは、簡単なテストを行います。問いを読んで当てはまるものに◯をつけ、最後に◯のついたＡＢＣそれぞれの合計数を出してください。

知識の傾向

✓	必要な資格を習得したり、学歴を積んだりすることは、非常に重要だ	C
✓	やる気を促す自己啓発書は愛読書だ	A
✓	自分の関わる分野において、「専門家」として活躍をしたい	C
✓	どんなことでも、成功に必要なパターンを学べば、ある程度のことは達成できる	B
✓	情熱を維持し続けるためには、セルフコントロールが必要だ	A
✓	資格や免許の取得は、人生の可能性を広げるために必要なことだ	C
✓	様々なケーススタディに触れることで、自分の方向性も明確になってくる	B
✓	物事には、成功するための方法論が必要だ	B
✓	自信を持ちエネルギーを維持するための様々な方法を学びたい	A
✓	「自分はやればできる」と信じることは重要だ	A
✓	成功の秘訣は、成功した人から聞くのが一番だ	B
✓	どのようなことでもやる気になれば、かなわないことはない	C
✓	スキルを身につけるには「実践訓練」を積むことが一番大事だ	C
✓	成功するには、俯瞰的な視点に立った長期展望を描く必要がある	B
✓	成功するためには、学歴や資格よりも、高い志と成し遂げる努力が必要だ	A
✓	身につけたスキルや知識によって、人生の成功は左右される	C
✓	どのような分野でも、成功を収めるためには知識や技術の習得が欠かせない	C
✓	人から「こうしたほうがいい」と勧められることは、素直に試す	B

A=モチベーション、B=ハウツー、C=スキル

⬟知識の仕分け――三つのカテゴリーをまんべんなく

「知識」とは一括《くく》りにできるものではなく、大きく三つのカテゴリーに分けることができます（次ページの図参照）。知識を使えるツールにするためには、カテゴリーごとに自分の知識の仕分けをする必要があります。

先のテストは、あなたがどのカテゴリーの知識に対し、重きを置いているか、そのバランスを確認するためのものです。

○の数が多かった項目ほど、日頃から重要視し、好んで学んでいる傾向があるエリアです。何かを習得するためにはバランスよく学んでいることが理想ですが、ほとんどの人に学びが偏っている傾向が見られます。いくら勉強したところで、**同じエリアの知識だけを増やしていっても、それではその知識が十分にツールとして機能しにくい、**ということです。これらの三つのカテゴリーを、まんべんなく学び、実際に活動をし、人生に取り入れることが、成功の鍵となります。

好きなことを学ぶのは、確かに素晴らしいことです。情熱を傾けられることを学んだり、

興味のあるエリアの知識を習得することは、やりがいも感じられるはずです。しかし、自分にとって心地よく、「学んだ気分になりやすい」カテゴリーの知識ばかりを学んでも意味はありません。

とても分かりやすい例をあげましょう。魚釣りに行くことをイメージしてください。

まず、魚を釣りたいのであれば、準備をし、身支度を整え、必要があれば早起きをし、車を運転するなり、電車を乗り継ぐなりして、魚が釣れる場所に行

「知識の仕分け」—— 三つのカテゴリー

Category A
モチベーション
motivation

やる気や動機を促すための知識。夢や目標を実現するために、現在の自分に変化を与え、モチベーションを持たせるためのノウハウを学ぶもの

例）自己啓発全般をさす。夢のかなえ方、やる気の出し方、アファメーション（暗示）など。人生を変えるための啓示的なもの

Category B
ハウツー
how-to

どこでいつ、どんなことをすれば一番成功に近づくかを学ぶための知識。成功するためのパターンや傾向、方法論、戦略、攻略法などを習得させるためのもの

例）テクニカルな学び全般をさす。知っておくと便利な手法や手順を示したもの。英語学習法、タイムマネージングの方法、ビジネスプランの書き方、転職指南など

Category C
スキル
skill

実際の技術やテクニックについての知識

例）大学を含む専門教育や、専門学校、職業訓練所などで得られる知識がカバーされる。資格習得などもこのエリア

かねばなりません。

そのときにあなたを動かすものは、「魚が釣りたい」という欲求であり、モチベーションが必要です。しかしモチベーションだけがあっても魚は釣れるわけではありません。例えば、魚のいない池に行っても、魚は釣れないわけです。

そこで次に必要なのは、魚釣りをするために必要な情報の収集です。どこへ行ったら魚が釣れるか、どんな天候の日には釣りが最適か、どんなえさが自分の得たい魚には適しているか。つまり、**魚釣りを成功させるためのパターンや傾向などの情報（＝ハウツー）が不可欠**ということです。

ところが、実際にはそうした情報があっても魚は釣れるものではありません。最後に必要なことこそが、魚釣りそのもののスキルというわけです。

えさの仕掛け方、釣竿の持ち方、ルアーを引くタイミング。これらを訓練しないことには、魚を釣ることはできないでしょう。

同じカテゴリーのことだけを深めただけでは、不十分な理由が理解できたのではないでしょうか。偏った学び方では、なかなか「知識」は自分の可能性を広げるためのツールとしては機能しないということが、こうした具体例に当てはめると、理解しやすいと思います。

自己啓発系の**セミナーなどを繰り返し好んで受講する人**は、セミナーに参加したときだけはモチベーションが上がり「学んだ気分」が高揚しがちです。しかし、学ぶべきことの手法や手順を知らなかったり、必要な資格を取得するための学びが疎《おろそ》かだったりすると、セミナーで学んだことは、真には機能しません。

また、ゴールも定めないままに、多くの学校に行き、様々な資格を取得しても、その知識を得たいと思った動機や、生かし方がハッキリしなければ、それらは宝の持ち腐れになってしまいます。

学んだことを無駄にしないためにも、自分が習得している、あるいは習得すべき知識の「バランス」を知ることが重要なポイントです。バランスのよい知識を蓄積し、その知識を実践で生かすための土台を自分の中に構築することを、しっかりと意識しましょう。

⬟全部を自分で知ろうとしない

次に行うことは、自分がすでに持っている知識の「棚卸し」です。

先にも述べたように、**持っている知識や、学びの傾向は、人それぞれどこかに必ず偏る**傾向があります。テストの結果を見ながら、すでに持っている知識を具体的に書き出してみましょう。それはどのカテゴリーに入るでしょうか。

割合として多いのは、「カテゴリーC：スキル」に手持ちの知識が偏るケースです。

なぜならば、このカテゴリー習得のためには、学校や専門学校に通うなどのサポートやサービスが明確なため、知識習得という学びの入り口になりやすいためです。実際、職業選択の可能性を広げることや、役割やポジションを獲得するためにカテゴリーCの知識が必要となるケースが多くあるでしょう。

ですから、ともするとこのカテゴリーCがこれら三つの中で、最も重要であると思う人が多くいるかもしれません。専門技術の習得は、プロフェッショナルとしての道を究めるには、何をおいても必要不可欠だからです。

しかし、いくら学校に通ったところで、学びの内容に偏りがあれば、あなたはその知識を、生きた現場で使うことはできません。また、そこでの講義や授業だけで、すべてを習得できるというわけでもありません。それらを手に入れることは「必要最低条件」に過ぎないということです。

スキルを学ぶ学校に行ったとしても、他のカテゴリーの学びも意識してバランスよく取り入れなければならないことを覚えておいてください。

そして、いくら資格があっても、あるいは複数の専門知識があったとしても、「カテゴリーA：モチベーション」「カテゴリーB：ハウツー」の知識は、人生の可能性を広げ、あなたを成功に近づけるために必要不可欠だということも、忘れないでください。これらの知識を決して軽視してはいけません。成功している人というのは、必ずその重要性を理解しているのです。

人によってはモチベーション、ハウツーに該当する知識については、「あえて学んだことはない」という方もいるかもしれません。しかし、**本人が気づかないうちに、モチベーションやハウツーは、どこかで必ず学んでいる**ものです。

例えば尊敬する人の生き方を真似てみたり、学びという意識がないままどこかで見聞きした知識を「習慣」として取り入れたりするのも、また「学び」なのです。

無意識に学んでいたことに対し意識を向けて、ブラッシュアップしていくことも、自分のクオリティを上げていくことに繋がりますから、この機会に**自分の持っている知識を徹底的に洗い出す**ことを強く勧めたいと思います。

知識というのは、単体ではなく、それらを生かすためのさらなる「知識」を重ねて持つことで、パワーが倍増するものです。今持っている知識をより一層人生に生かしたいのであれば、一見関係ないと思われるような分野の知識であっても積極的に学ぶようにすることです。

まずは、あなたがすでに持っている知識、あるいは今習得しようとしている知識が、どのカテゴリーに入るかを、しっかりと見極めてください。そしてそれらに意識を向けた上で、今度はカテゴリーごとに自分が持っている「知識」の仕分けを行うようにしてください。同じカテゴリー内でも、知識の種類は一つではないはずです。

一度、自分が持っている知識をすべて書き出しましょう。そして、自分が何を知っていて、何を知らないか、それを分析してください。そして足りないエリアの知識は努めて足すようにしましょう。

「自分が知らないことを知る」

この重要性に気づきましょう。

自分の可能性を常に広げながら人生を歩ける人というのは、「自分が何を知らないのか」を知っているものです。また、当然のことながら、知らないことについて「知る努力」も常に行うものです。

そしてここが最も大切なのですが、そのような人は、「全部を自分で知ろうとしない」ことの重要性も知っています。足りない知識を他者から補うという柔軟性も、知識を生かしていく上では必要なものです。

足りない知識は、自分がそれを持っていなくても、**第三者や組織に頼りながら、機能させることが可能**です。その分野の専門家や、専門機関に上手く働きかけて、必要な知識を補うことはいくらでもできるでしょう。「知識」とは、つまり、量ではなく「使い方」で機能するかどうかが決まるということです。そのことをもう一度ここで、確認してください。

棚卸しシート

ハウツー	カテゴリーC:スキル	
タイトル&内容	習得時期	タイトル&内容

知識の

	カテゴリーA:モチベーション		カテゴリーB:	
	習得時期	タイトル&内容	習得時期	
1				
2				
3				
4				
5				
6				
7				
8				
9				
10				
11				
12				
13				
14				
15				
16				
17				
18				
19				
20				

◆『道は開ける』『思考は現実化する』を読む

世の中には、「自分が何を学んだらよいか分からない」という人もいると思います。セミナーを実施していて思うのですが、将来の目標が何も見えない、夢や希望も特にないという人は、実は結構多いのです。

しかし、そういう人は、自分が欲することに「気づいていない」だけなのです。

まずは、その事実に気づいてください。

私はそのような人に会うと、動機づけを促す本をたくさん読むように指導しています。例えばデール・カーネギーの『道は開ける』（創元社）や、ナポレオン・ヒルの『思考は現実化する』（きこ書房）などは、**モチベーション高く生きるための指南書**として古典とも言えるでしょう。自己啓発のセミナーでは全米一有名な、アンソニー・ロビンズなどの本を読んでみてもいいかもしれません。

どうすれば生きる意味が見つかるか、人生において、自分がすべきことは何なのか。それらのヒントを書物の中から得るとよいでしょう。

また、呼吸法や瞑想法を取り入れて、精神を穏やかに保ちましょう。認知の訓練で学んだ方法をもちいて、自分の思考の癖を観察することも知識を生かすためには欠かせません。

あなたは可能性であふれています。求めれば、そして本気になることができるのであれば、**どんな知識をもあなたは身につけられる力を秘めているのです**。そのことを忘れないように。

Module 4 : Knowledge　～知識～
まとめ

●知っているだけで活用できなければ、知識は「ない」と同じと思うこと

●知識の量と成功は比例しない。大切なのは持っている知識のバランスと、その「使い方」。そこがクリアになると、どんな知識を学んでも、それを生かす土台を構築できる

●知識は大きく①モチベーション、②ハウツー、③スキルの三つのカテゴリーに分類が可能。それらをバランスよく生かさねば、知識はツールとして機能しない

●「自分が知らないことを知る」のは、とても重要。そして、自分がその知識を習得しなくても、第三者を頼る方法で機能させることも可能であることを忘れないように

第5講

ペンタゴンは肥満を許さない

健康

Module 5

Exercise

Physical fitness is not only one of the most important keys to a healthy body, it is the basis of dynamic and creative intellectual activity.

身体を鍛えることは健康にとって重要であるだけでなく、
人間にとってダイナミックかつ創造に富んだ
知的活動のベースとなるものである

ジョン・F・ケネディー

◆健康維持の習慣はいたってシンプル

「忙しいこと」を自慢する人をよく見かけます。多忙さゆえの長時間勤務や睡眠時間の短さ、休暇がなかなかとれないことを、まるで勲章のように他者に語る。私はそうした人と出会うたびに、首をかしげたくなります。心身に負担がかかるような働きをすることは、必ずしも自慢できることでも、勤勉の証しでもないからです。

そうした多忙な状況で生まれるストレスは、健康を損なう原因であり、百害あって一利なしです。豊かな人生を送りたいのであれば、本来努めて健康的な生活を心がけることは必須のはずです。

健康は、人生すべての土台となるものです。あなたが、自分の持つ可能性を最大限に拡大したいのであれば、**自分が健康であり続けるための習慣を身につけるべき**です。

誰もが皆、「健康が素晴らしい」ということを知っています。万国共通、それを求めない人はいないはずです。もし、少しでも体調を崩すようなことがあれば、ほとんどの人が「一日も早く回復したい」と願うことでしょう。

しかしその一方で、あまりに多くの人が、自ら進んで健康を損ねるようなことを続けています。

例えば、タバコや過度のアルコール摂取などです。これらは、身体によくないと分かっていながらも、一旦習慣になってしまうと、なかなかそれを断ち切ることはできません。他にも甘いものの食べすぎ、塩分や油のとりすぎ、ファストフードの常食化。これらも健康維持のためには「よくないこと」と、ほとんどの人が知っているはずです。にもかかわらず、悪い習慣から抜け出すことができずに、自ら健康を害す原因をつくってしまう人は跡を絶ちません。知っていながら、わざわざ身体に「よくないこと」を続けてしまうのです。

あなたが真に健康を味方につけたいと望むのならば、まずやるべきことは、自身の生活習慣を細かくチェックすることです。「ついうっかり」「どうしてもこれだけはやめられない」などと自分自身に言い訳をして、**健康を害する可能性のある悪い習慣**に甘んじてはいけません。

以下は、一般的に言われる健康維持に必須であるとするポイントです。

――必要以上の量を食べることは避ける
――バランスのよい食事を心がけ、糖分や塩分のとりすぎには注意する
――食べるときにはよく噛《か》むように心がける
――添加物を可能な限り避けるようにする
――食べたら歯を磨く
――適度な運動を生活に取り入れる
――睡眠は十分とるようにする
――喫煙はしない
――お酒はたしなむ程度にする
――ドラッグ類には手を出さない

このリストにあげられた項目を、よく読んでみてください。これらの中に、**何か際立って特別な項目**はあるでしょうか。恐らく、そんなものは何一つないはずです。

つまり、これらは「秘訣《ひけつ》」でも何でもなく、「常識」なのです。誰もが周知のことばかりなので、今さらそれをわざわざ学ぶことでもありません。健康でいるための秘訣は、実

は**非常にシンプルであり、誰もが知っていること**ばかりなのです。

この機会にぜひ、こと細かに自分の健康維持に対する習慣を検証してみてください。本書でも取り上げた認知のトレーニングなどを活用し、健康維持のために改善できること、努力すべきことを書き出してみましょう。そして現状把握を行った後にすべきこと、それは具体的な形で健康維持への「行動」を改めることに他なりません。悪習慣があるならそれを断ちましょう。

今日ここで、誰でも無理なくできる「健康習慣」を習得し、いつ何時でも健全な形で機能する身体づくりを始めるべきです。

ペンタゴン・エリートの身体能力テスト

「鍛えよ、そして汗を流せ。さすれば戦火で血は流れない」

これはペンタゴンでよく言う、私たちの身体づくりに関する「哲学」です。日夜過酷な任務と直面しなくてはならない我々にとって「健康」な身体を保つことは、当然重要視されています。そのために我々が日課にしているのが、エクササイズで身体を鍛えることです。

「いざ」というときに、確実に機能させるために、日々身体を整え、鍛え、健康を維持することは、任務遂行上の「義務」でもあります。

身体はまさに、私たちがミッションを遂行するために必要な、そして最も重要な「ツール」です。そのため、健康に関する検査、審査は毎年、山のように課せられます。心臓の状態の確認、体脂肪、コレステロールチェック、癌《がん》検査などに代表される健康診断のほか、**ランニング、腕立て伏せ、腹筋などに代表される身体能力診断**など、数をあげればきりがありません。身体能力テストも半年に一度あり、身体が健康的に機能し、任務の遂行に支障がないかどうか、厳しくチェックされています。

それらすべてのデータは数値化して管理され、健康を損ねている要素が見つかれば、即除籍の対象にすらなるのが現状です。例えば、私たちが保持しなければならない身体スコアには、次のようなものがあります。

——2マイル（約3・2キロ）を13分から20分の間で完走

――2分間に腕立て伏せを最低25回以上（71回以下）
――2分間に腹筋を最低26回以上（78回以下）
――BMI値（Body Mass Index）は18から25の間

このスコアを維持するため、**週に3回、それぞれ1時間、合計3時間の、身体トレーニング**を「任務の一環」として行うよう指導されています。これは、仕事中でも手を止めて行うことが許可されている時間です。

もちろん様々な優先事項から、運動のための時間をとれない場合もあります。しかし、こうした規定が「義務」として存在するため、誰もが、時間を上手にやりくりしながら、日々身体を鍛え続けているのです。

誤解されないように付け加えると、私たちが身体を鍛える目的は、あくまで、健康と平均的な身体能力維持のためです。決してハリウッド映画に出てくる兵士たちのように、マッチョに身体を鍛え上げることがエクササイズの目的ではありません。ずっとブートキャンプを行っているわけでもないし、ダンベルを片手に、筋肉を鍛え続けるのが日々のトレーニングというようなこともありません。

どんなに高い技術を習得したとしても、どんなに精神状態が安定していても、身体が正常に機能していなければ、過酷な任務に赴くことはできません。ですから、いつでも出動可能な自分自身でいるために、我々は厳しく、自分の健康を管理し続けるのです。そしてそれは、どんな部門に所属していたとしても、変わりません。

このように、私たちは厳しい健康管理を強いられていますが、それを維持するためにペンタゴンから提唱されていることは、非常にシンプルです。

「質のよい食生活、質のよい運動、質のよい睡眠を常に心がけること」

基本的にはこれだけです。

しかし実際には右のような生活を保つことはペンタゴンに籍を置く以上、難しいと言わざるを得ません。緊急事態となれば、我々も健康的な生活とはかけ離れた状況に陥るからです。激務の中にあっては、質の高い生活習慣の維持などできるはずもありません。

極端に少ない睡眠、食べ物も十分に調達できない中でのサバイバル。そんな**過酷なミッションと、日々直面しているのがペンタゴンの現場**です。

しかし、だからこそ私たちは、日々の健康管理を厳しく行う必要があるのです。いざというときに機能する自分をつくり込んでいなければ、厳しい状況下での任務を遂行することが難しくなるわけですから、それは当然です。日々身体を整えていることで、私たちはいつ、いかなる指令が下ったとしても、それに対応することを可能にしているのです。

◆「内臓脂肪型肥満」のリスクを回避するエクササイズ

エクササイズは、肥満防止の強い味方にもなります。

アメリカでは、若者の肥満の割合が過去に例のないほど上昇しており、深刻な社会問題になっています。最近では、若者が軍への入隊を希望しても、肥満が理由で入隊拒否を受けるケースも多く見られるのです。

これをデータで見ると、非常に嘆かわしい状況が浮き彫りになります。17歳から24歳の全人口の27%にあたる**900万人もの若者たちが、軍の規定をクリアできないほどの肥満**とされる有様なのです。それを裏付けるかのように、肥満防止のためのダイエット商材が毎日のようにメディアを賑わせ、アメリカではいつでも花盛りです。

一番確実に肥満から解放される方法は、それこそ健康的な生活を心がけることであるにもかかわらず、楽をしてすぐに結果を得ようとする短絡的な考え方をする人が非常に多いようです。しかし根本から改善しなければ痩せることはできても、本来の健康は手に入りません。それどころか、楽をして痩せることだけを目標にしたのでは、逆に健康を損ねる結果にすらなりかねません。


また、外見上は肥満と分からない「隠れ肥満」が増えていることも、昨今アメリカでは問題となっています。それは同じ肥満でも、表面的には分からない「内臓脂肪型肥満」と呼ばれるもの。日本の方々はアメリカ人に比べるとずっと細く、肥満とは無縁のように見えますが、この型の肥満は細さや体重とは必ずしも比例しませんから、誰もが注意をしたほうがよいでしょう。

内臓脂肪型肥満は文字通り、内臓に脂肪がつくことが特徴。高血圧や高脂血症、糖尿病予備軍として、非常に警戒されるべきものだとされています。病気としてその害が表面化すれば、**動脈硬化や脳卒中、心筋梗塞《こうそく》に発展する可能性**もあり、生命に関わる大問題になりかねない危険なものです。体脂肪を測定可能な体重計なども簡単に手に入るわけですから、どんな人も、一度内臓脂肪の状態を調べてみるとよいと思います。

とにかく肥満は百害あって一利なし。脂肪をたっぷり抱えた身体は多くの身体的疾患を生む可能性もあり、よいことは一つもありません。特に自覚がある方は「今、ここで」、そして「すぐに」その問題を解決するための努力を始めてください。


誰にとっても必要不可欠なものである、健康で活力にあふれる「機能する身体づくり」は、私たちが行うブートキャンプに類似するような、厳しいトレーニングである必要は全くありません。むしろ**ストレッチをゆっくり行ったり、毎日歩くことを習慣化する**など、無理がないもので構わないのです。短時間でもよいので、それらを生活習慣に加えることが大事です。

現代人は全般的に運動不足であると指摘されていますが、エクササイズを行うことが日々の習慣となると、逆にそれをしないことが不自然になります。

皆さんにもぜひ運動を日常生活の中に取り入れ、「エクササイズをしないこと自体が不自然」、という生活リズムをつくるまで、それを習慣化していただきたいと思います。

⬟ウエスト太めは姿勢も悪い

ペンタゴンは、とにかく肥満を許しません。

軍に関しては入隊してからも、肥満の検査は頻繁に行われます。それによって除隊せざるを得なくなる場合もあるのですが、その一番大きな要因となるのが、「ウエストサイズ」のオーバーです。

軍に所属するためには、規定のウエストサイズというものがあり、それを超えてはならないのです。この数値を維持することは、しっかり健康管理ができていれば、それほど難しいことではありませんが、それでも規定を超えてしまい、苦労している人がとても多い現状があります。

たかが肥満。されど、肥満。たった**1インチ（2・54センチ）で、職を失う**可能性もあるのです。

ウエストが多少規定値を超えていても、指示されたトレーニングメニューを確実にこなすことで、除隊せずに済む場合もあります。しかし、測定検査で数回にわたりオーバーサイズが改善されない場合は、本当に軍を去ることになるのです。

ウエストサイズの管理が厳しい理由は、先にあげた内臓脂肪に関係しています。ウエストに脂肪がついている状態は、内臓脂肪過多の危険性ありと判断されるのです。これはメタボリックシンドロームにも直結します。

ご存じのように、メタボリックシンドロームとは、内臓脂肪型肥満に起因する、様々な疾患のことを指します。そうした疾患を起こす危険性のバロメータとなるのが、このウエストサイズというわけです。

軍での規定は36・5インチ（約93センチ）。これを超えてしまうと、「警告数値」です。そして42インチ（約１０６センチ）を超えてしまうと、原則的には「除隊対象」になります。この規定を超えないための一番単純なエクササイズは、「姿勢をよくすること」だと指導されます。そもそも、**ウエストサイズに問題がある人は、多くの場合、姿勢が悪い**という傾向と特徴があります。心当たりがある人は、今すぐに姿勢を改めるように努力してみましょう。

あなたの肩は、前のめりに内側に入っていませんか。背中が丸くはないでしょうか。姿勢が悪いと骨格がゆがむ原因になったり、肩こりや腰痛を招く原因にもなり、よいことは一つもありません。たとえウエストサイズを減らす必要がない場合にも、姿勢が悪いという人は、まずそこを改善してください。姿勢をよくすると、肩こり、腰痛などが改善されるだけでなく、ウエスト周りもすっきりします。

腹部にしっかりと力を入れて、背筋を伸ばして普段から生活していれば、それだけで腹部は鍛えられ、余計な贅肉《ぜいにく》とは無縁な生活が送れるというわけです。

⬟絶大な効果、「意識的な3秒」の勧め

肥満を予防し、健康をしっかりと維持するために、今すぐできる「意識的な3秒」と呼ばれるテクニックを使うのも一つの手です。これは**誰でも場所を選ばず実行可能なもので、**非常に簡単です。そして肥満に限らず、あらゆる悪習慣を断つことにも、大いに役立ちます。

先にも述べたように、健康維持の秘訣とは、すなわち「常識」です。私たちは、すでに健康維持のために「すべきこと」を知っています。そうであるならば話はとても簡単で、

健康を望む人はそれらをすべて実践すればいいだけなのです。

しかし、なかなかそれができないという人は実に多い。

——「分かっていながら、やめられない」。あなたにはそんな言い訳をして断つことのできない悪習慣はないですか。

そうした弱い意志を克服するためにも、この「意識的な3秒」はとても役立つものであると言えます。方法はいたって単純です。

悪習慣に向かって自分が行動しそうなときに、**3秒間それが正しいことかどうかを考え、思い留まる習慣をつける**というもの。それだけです。


例えばタバコに火をつけて、それを一服吸う前に、3秒だけ思い留まってみる。

「本当に今、ここでタバコを吸うのがよいことなのかどうか」を。

すでに程よくアルコールが入っているのに、「もう一軒どこかに立ち寄ってもう一杯飲もう」と思うようなときも、3秒だけ自分に問いただしてみるのです。

「もう一軒立ち寄って、さらにアルコールを身体に入れて得られるプラスがあるのか」を。

毎食、毎回、何かを口に運ぶ前に、3秒だけ思い留まってみるのです。

「自分は本当に今空腹で、この一口を食べる理由があるのか」を。

運動を習慣化することに決めたのに、「今日はやらないでおこう」という考えが浮かんだとき、3秒だけ自分に問い直してみるのです。

「自分にはこの運動を今日しないだけの、何か特別な理由があるのか」を。


3秒の間に、「ノー」という答えが浮かんだことは、「しないでおく」ことが賢明だということです。逆に「イエス」と浮かんだことは、すべてやるべきです。

3秒という時間は、短いかもしれません。しかし、何か悪い習慣を思い留まったり、よい習慣へ向かうための行動を選択するためには、十分な時間でもあります。

ペンタゴンでは、部下への指導を行う際、本人たちに自発的な「気づき」を与え、**自ら行動を選択させるアプローチを大切に**しています。この「意識的な3秒」は、私自身が部下たちを指揮するにあたり、彼らを受け身ではない形でリードしていく方法として、よく用いたものでもあります。

部下が好ましくない行動をとるとき、私はいつもこの言葉で彼らに「自覚」を促しました。

「その行動が本当に正しいのか、3秒間考えろ」

生活のあらゆる場面において、「意識的な3秒」を活用しましょう。そうすることで、**あなたの人生は驚くほど短期間に変化を見せるはず**です。そして、このテクニックを実践することを難しいという人は誰一人いないはずです。所要時間はたったの3秒。3秒「だけ」なのですから。

その3秒をつくることができない、という言い訳は誰もできないはずです。この3秒を惜しむようであれば、人生のどんなことも達成できるはずがありません。

実践エクササイズ
exercise

ここからは、ペンタゴンで実際に行われているエクササイズをいくつか紹介します。

どれも、特別な設備を必要とすることもなく、ものの3分もあれば行うことができるものばかりです。我々は、どのような環境下にあっても、時間さえあれば場所を選ばぬものを集めました。身体をしっかりと整えて、健康な「自分づくり」を実践してください。

エターナル運動

eternal exercise

まず最初に解説するのは、エターナル運動と呼ばれるもの。これは短期間にウエストを引き締める効果が高く、内臓脂肪型肥満の解消、そして予防に役立つエクササイズです。先にも述べたように、私たちには「ウエストのサイズ規定」というものがありますから、この運動は「少しお腹周りに脂肪がついたかな」というような場合の、強い味方でもあります。

エターナル運動で、主に動かすのは腹斜筋群（内腹斜筋・外腹斜筋）と腹横筋です。腹部サイズダウンのエクササイズというと、腹筋運動を想像する人が多いかもしれませんが、腹筋運動では腹直筋と呼ばれる筋肉しか鍛えることができず、腹部全体の引き締めには効果が低いのです。

エターナル運動で動かす腹斜筋群、腹横筋とは、分かりやすく言うと、腹部の横にある筋肉です。そこをまんべんなく動かすことで、効率的に脂肪を小さくできるというわけです。

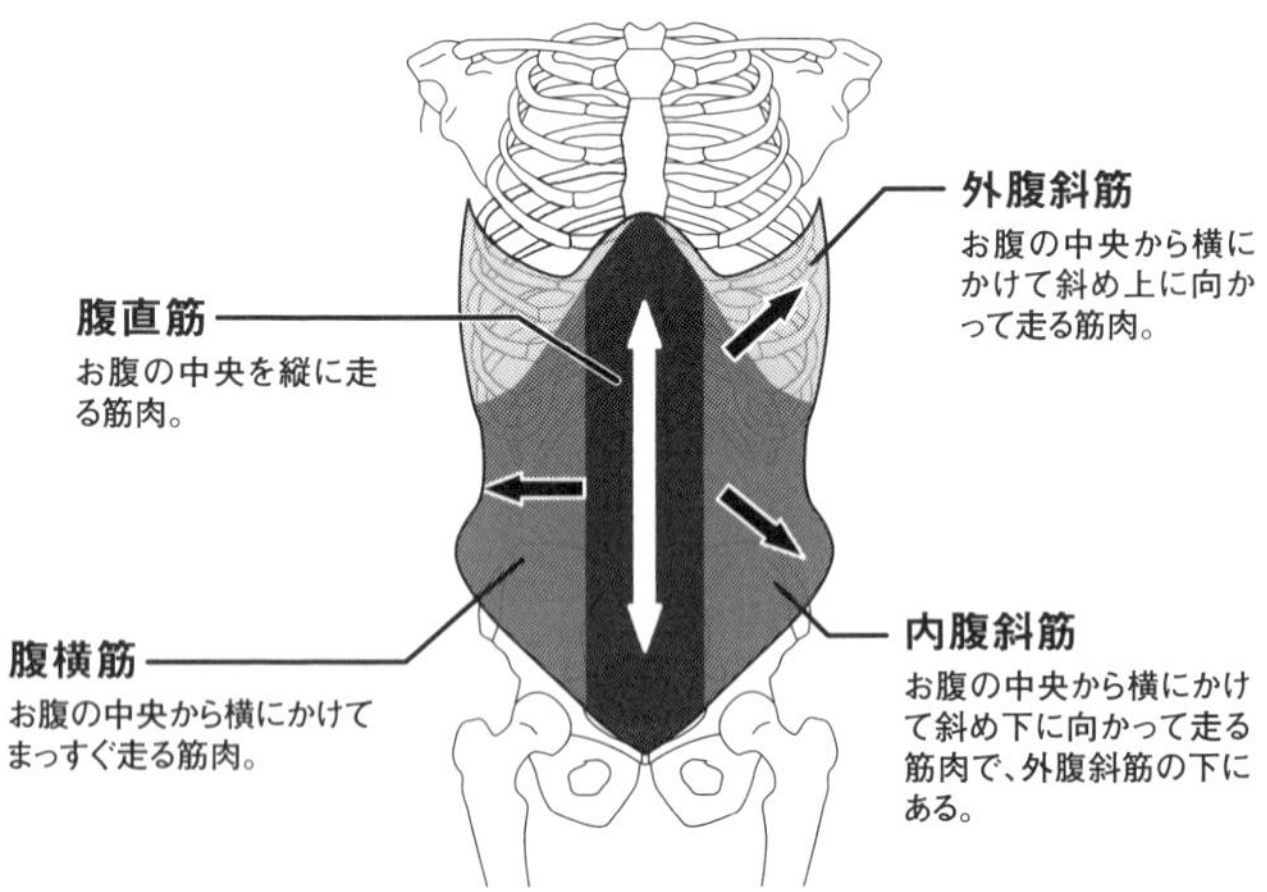

eternal exercise

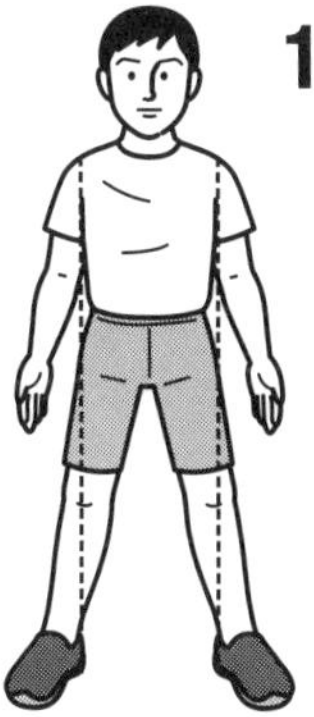

1. 足を肩幅より、少し大きめに開く。

2. 腕をまっすぐ、胸の高さまで持ち上げる。このとき、手のひらが向き合うようにする。

3. 肘《ひじ》をピンと伸ばし、手のひらと手のひらが、常に平行、常に同じ幅になるように保ったまま、身体をエターナル、つまり横8の字になるようにゆっくりと回す。

4. エターナル運動中は、手の先がなるべく遠くに引っ張られるようなイメージで、伸ばした状態が理想。また、ひざや腰が曲がらないように注意する。顔は正面を向いたままにすること。

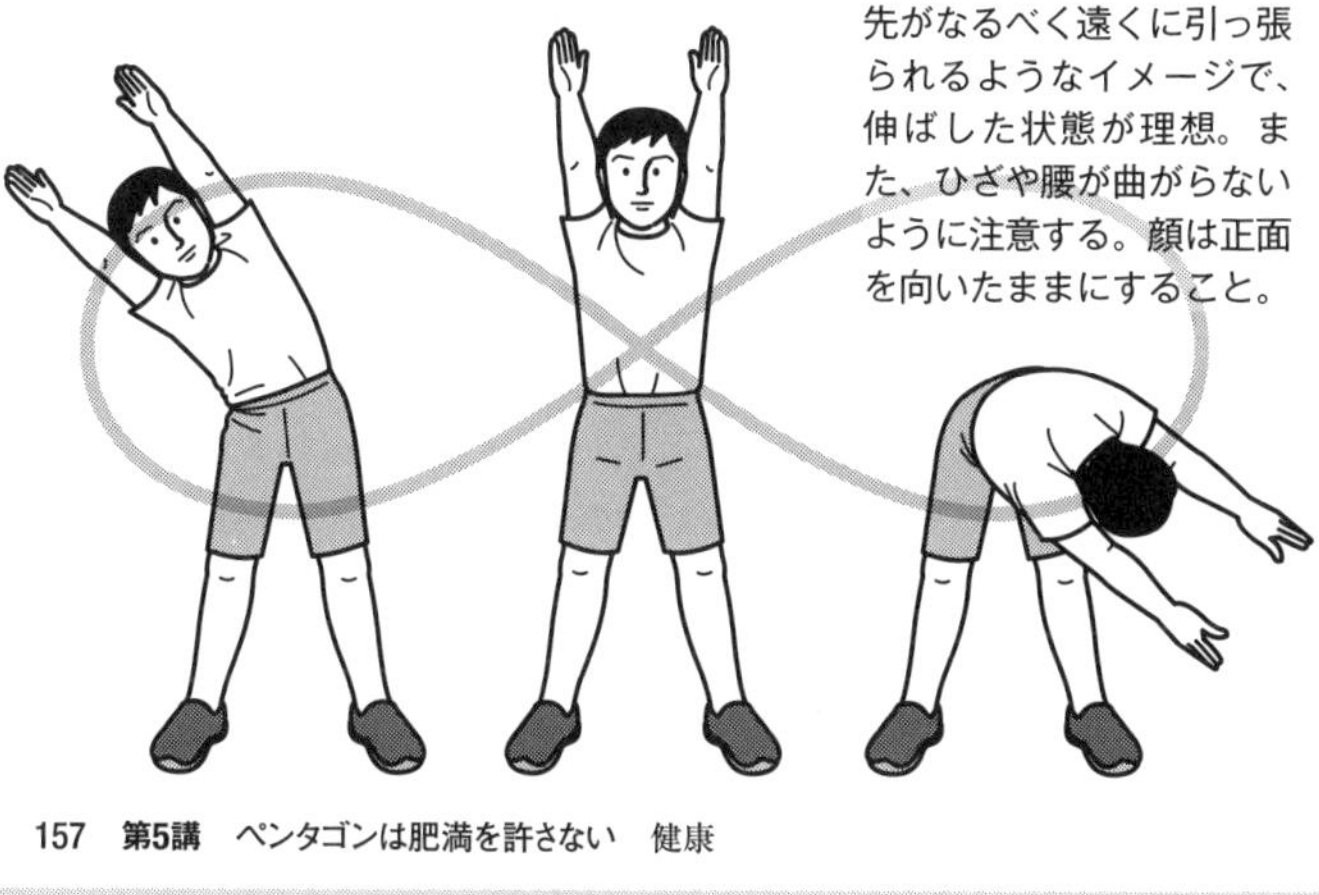

5. 息は鼻から吸い、口からゆっくり吐き続ける。8の字の半分で息を吸い、残り半分で息を吐ききるようにする。だいたい5カウントで息を吸い、5カウントで息を吐ききるとよい（エターナルを1つ描くのに、10秒かけるようにする）。

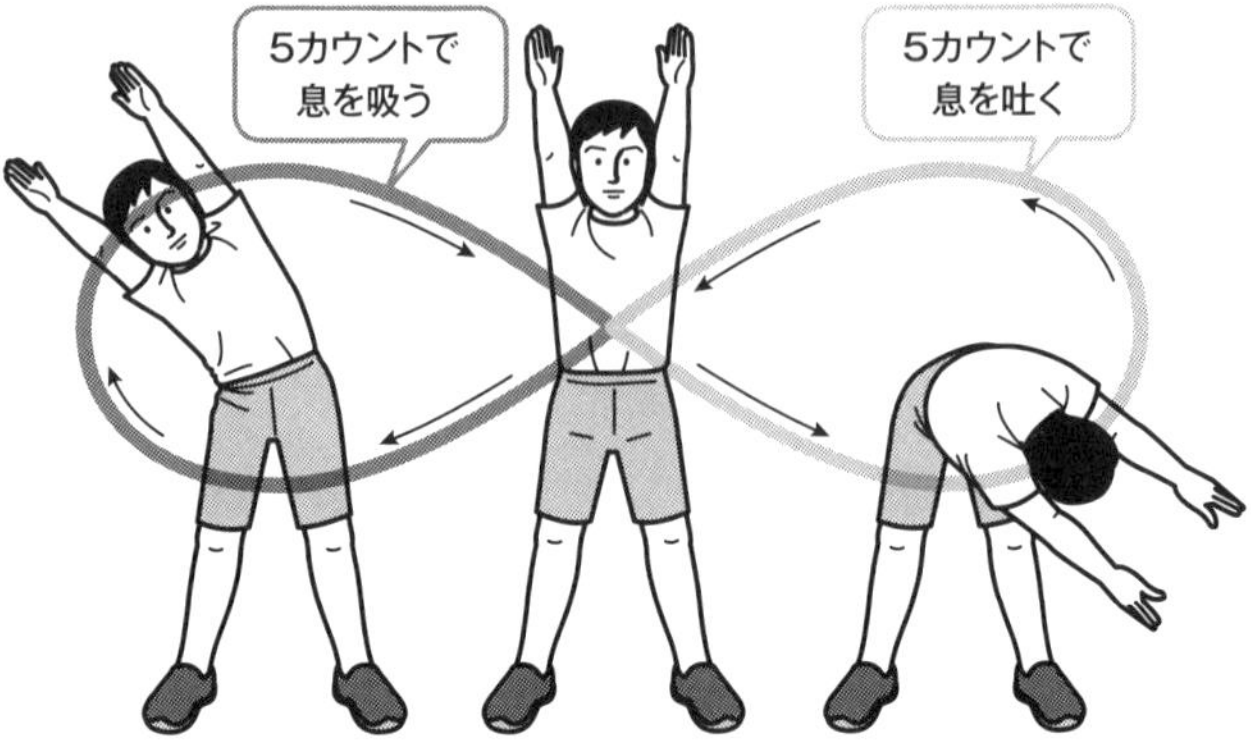

6. これを1回につき20回、朝、昼、晩3セット行う。

早い人では、3日でその効果を体感するはずです。腹筋よりも気楽で手軽にできるため、誰にでも無理なく実行できることも、このトレーニングの魅力です。

また、この運動では全身を使うことになるので、身体の循環がよくなります。ウエスト周りを引き締める必要がない人にもぜひ、お勧めしたいエクササイズです。

もしも20回行うのがきつい場合は、5回からスタートするので構いません。自分のペースで、無理はせず、ゆっくり、しっかりと身体をひねるようにして実行するようにしてください。無理をするよりも毎日続けることを第一の目標とし、健康維持を目指すためのエクササイズとして、生活に取り入れるとよいでしょう。

プランク

plank

次に解説するのは、体幹軸、腹筋を鍛えるとても簡単なエクササイズ。1回1分程度、朝晩1回ずつ行うだけでも、腰周りの余分な肉が落ちる優れた運動です。インナーマッスルを鍛えるトレーニングとして、ブートキャンプでも必ず行われるものです。内臓脂肪撃退にも、大変効果があります。

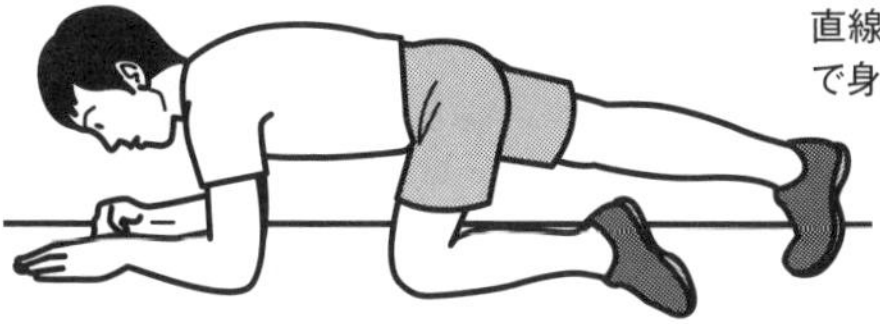

1. 肘を地面につけて身体を一直線に伸ばし、つま先と肘で身体を支える。

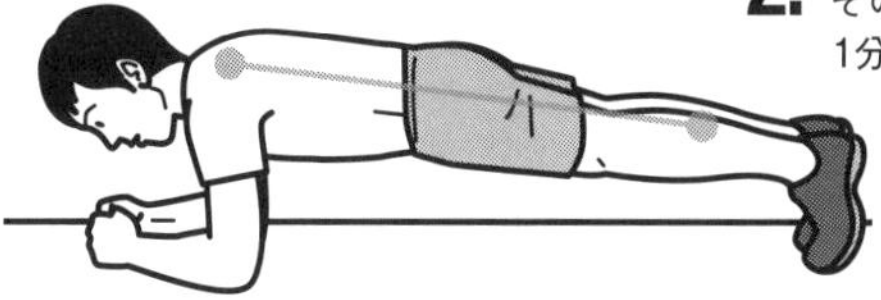

2. そのままの姿勢を維持し、1分間静止する。

3. このとき、背中が曲がらず、身体がまっすぐ伸びていることがポイント。

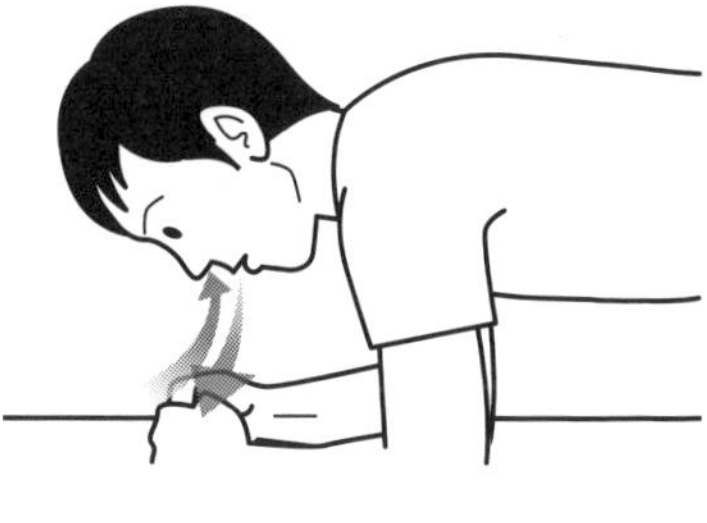

ボディウエイト・スクワット

body weight squats

ボディウエイト・スクワットは、足を引き締め、ヒップアップに効果があるエクササイズ。自分の体重の負荷だけを使うのが特徴です。軍では下半身をまんべんなく鍛え、股関節《こかんせつ》、ひざ関節の柔軟性を鍛えるトレーニングとして積極的に取り入れています。1セットにつき10回、朝晩1セットずつ行いましょう。

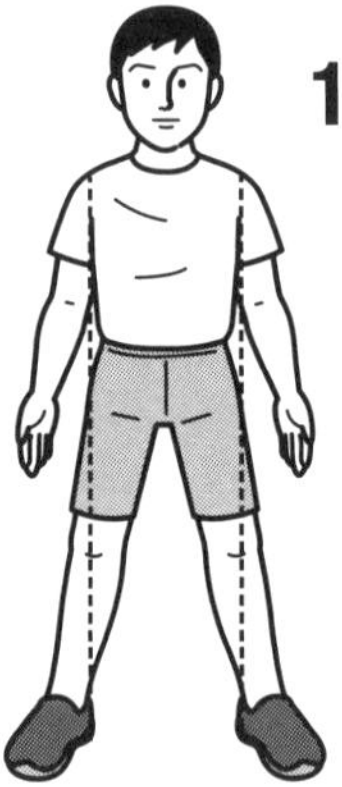

1. 足を肩幅より若干広めに開いて、まっすぐ立つ。

2. ひざと足首の位置が一直線になり、動かないように意識し、息を吐きながらおしりを後ろに下ろしていく。このときに背骨が丸く曲がらないように注意。

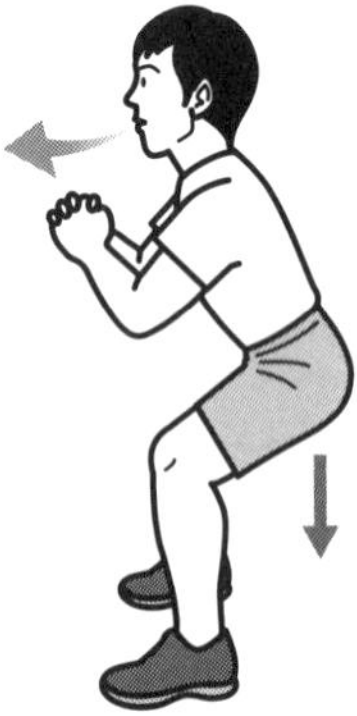

3. 息を吸いながら姿勢を元に戻し、おしりを下げるときに息を吐くこと。

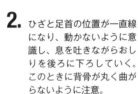

トライセプス・ストレッチ

triceps stretching

上腕三頭筋を中心に、肩、背中の筋肉をまんべんなくストレッチする、優れたトレーニングです。二の腕のたるみを解消するにも効果があります。

通常トライセプス・ストレッチというと、腕周りをストレッチする動作のみの場合が多いのですが、私たちはこれにサイドストレッチを加えています。

肩こりや首のこり、痛みの解消などにも役立ちます。1回につき5セット、朝晩および、仕事の合間のストレス解消に取り入れましょう。

1. 肘を頭の横で曲げ、手のひらを首の下あたりに置く。

2. 反対の手の平で曲げられた肘をサポートし、ゆっくりと左右に身体をストレッチしていく。このとき身体が前後に動かないようにする。動かすのは左右にのみ。

3. 左右のサイドストレッチが厳しい場合は、腕のストレッチから無理なく始めるようにすること。

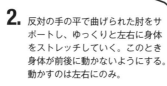

Module 5 : Exercise　～健康～
まとめ

●健康でいる秘訣は、すべてシンプル。特別なことは何もないということを再認識する

●健康を害する悪習慣を断ち切るには、悪い習慣へ向かって行動を起こす前に、3秒間思い留まる癖をつけることが効果的

●姿勢は常によくするよう心がけること。それだけでも肩こり、腰痛、メタボリックシンドロームなどの予防に繋がることを忘れないようにする

●軍ではウエストサイズの規定がある。それはメタボリックシンドロームを防ぐため。あなたのウエスト周りは大丈夫か

●お腹周りのサイズダウンは、腹筋だけではなく腹斜筋群、腹横筋を使い、まんべんなく腹部を動かすことが効果的

●健康維持のための運動は、無理をせず、ゆっくりと自分のペースで行うことが重要

第6講
自分の限界を超える技術
自律

Module 6
Discipline

**Discipline is the soul of an army.
It makes small numbers formidable;
procures success to the weak,
and esteem to all.**

自律は軍隊の要である。
それが少ない兵士を手ごわい相手に変え、
弱い者たちに成功をもたらし、皆に尊敬を得させる

ジョージ・ワシントン

◆本当にあった「間違った場所」

軍に志願した者ならば、必ず参加しなければならない特別なトレーニングがあります。それは、通称「ブートキャンプ」と呼ばれるもの。皆さんもこのトレーニングのことは、映画その他でご存じのはずです。

心身ともに**限界と言われるところまで追い込み肉体を鍛える**のみならず、不可能を可能にするための精神力をも鍛えること、それがこのキャンプの目的です。それは私たちが誇る、最強の「自己改革」トレーニングプログラムとも言えます。

キャンプに参加した者はすべて同意するはずですが、その常軌を逸脱した厳しさは強烈な人生経験の一つになります。新兵時代を振り返り「二度と参加したくない」と本音を漏らす者がほとんどです。しかしこのトレーニングの前と後とでは、自分という人間の「在り方」すら完全に変わります。しかもプラスに、そして大きく。

意外に思われるようですが、ブートキャンプの始まりは、楽しく心躍るものです。

入隊者は集合場所につくとたいていバスに乗って移動をしますが、そこでは新しい仲間たちとの出会いに会話がはずみます。あちこちで始まる自己紹介や談笑。聞きかじった知識を胸に、不安と期待が入り混じりながらも、そこにあるのはこれから始まる数週間への期待です。

そして、ゆっくりとバスがゲートをくぐると、それまで感じていた高揚感が一変するのです。たった**数メートルの壁が、夢と現実を隔てる**かのように。

目的地に到着すると、微笑みは皆の顔から消え失せ、誰もが凍り付き始めます。「向こう側の世界」に到着した瞬間、空気の感覚、味、色、音、香り、それらすべてが変わり、慣れ親しんだ世界から、自分という存在が引き離されていくような感覚に襲われるのです。

到着とともに、容赦ない罵声が響き渡り、すぐに誰もが後悔し始めます。

――「間違った場所に来たかもしれない」と。

ブートキャンプで学ぶ生き抜く誇り

私はこのブートキャンプを予備兵時代と将校時代の二度にわたって経験しています。二度目は経験値があったので、余裕で臨んだはずでした。しかし初日にキャンプに到着するや否や、やはり「ああ、来なければよかった」という本音が心に浮かんでしまいました。何度経験しても、楽しい経験とは言えないもの、それがこのブートキャンプです。

ブートキャンプは、**陸・海・空軍および海兵隊のすべての部隊**で実施されます。

ここに来る者たちの思いは、それぞれに違います。ただひたすらに愛国心に燃え、世界を変えようとする者。英雄だった父や母の背中を追ってきた者。ある者は強いヒーローに憧れ、ある者は体力や精神力に自信があり自分を試してみたいと、その門をくぐるのです。

十分な覚悟がないままにやってくる、最近はそんな若者も急増しています。現在、アメリカでは6人に1人が貧困層と言われており、生活保護にあたるフードスタンプなど、政府の援助がなければ暮らせない人は年々増え続ける一方です。そんな生活から抜け出すために入隊する者は少なくないのです。あるいは軍が兵士に対して用意している様々な優遇制度を使って、大学に行くことを目指す者も大勢います。つまり、軍人になること以外の動機で入隊してくる者も数多く、すべての新兵が、「明日派兵されるかもしれない」という、軍の宿命的な現実に対して心の準備や覚悟ができているわけではないのです。

しかし、「兵士」になるという覚悟の程度にかかわらず、このブートキャンプにおいては、一旦基地のゲートを越えると、すぐさま現実が容赦なく降りかかります。

次々に飛んでくる指導教官の罵声。そこには一切の口答えも許されません。私が初めて体験したときには、その凄まじさに身震いが止まりませんでした。

ベッドが並べられただけの宿舎で、髪の毛を**あっという間にバリカンで丸坊主にされながら、誰もが自問自答を始める**のです。

——なぜ、自分はここにいるのか

——なぜ、自分はこの道を選んだのか

——自分は何のために、どこへ向かおうとしているのか

今までに体験したことのないような、凍り付くほどの張りつめた空気。途切れることのない罵倒に、最初はどんな者でも驚きます。そしてそれが怯《おび》えに変わり、混乱し、不安、

恐れ、緊張が一気に押し寄せ、かつて感じたことのない感情に飲み込まれていくのです。指導された通りのことを完璧に行ったとしても、指導教官は叱咤《しった》し続け、その態度が軟化することは一切ありません。朝から晩まで、一瞬たりとも気を抜くことは許されない。特に最初の2週間は、ひたすら怒鳴られ、けなされ、自分が人間であることすら疑いたくなるほど、凄まじく過酷な時間が積み上げられます。

ブートキャンプは、誰にとっても強烈な体験です。実際は、現場のほうがさらに過酷なのですが、まだ右も左も分からない入隊初期の段階においては、あの訓練での経験は文字通り「地獄」の辛《つら》さです。

わずかな食料しか持たされず、**ろくに眠ることもできず、野山を駆け、はいずり回らねばならないような訓練**もあります。

顔に張り付き、湿りそして乾いていく泥の感触。汗なのか水なのか分からないまま湿って重くなる軍服。ぎりぎりまで追い込まれた体力。与えられるのはわずかな睡眠時間。毎日気絶寸前で倒れ込んだとたん、罵声とともに朝がやってくる……。

有無を言わさず築かされる仲間との連帯責任。運命を共にし、ミスとも言えないような些細《ささい》なことがきっかけで、全員が責任をとらされ、精神的にも、肉体的にも、極限まで追い込まれてゆく。

「なぜ今、こんなにも苦しい訓練を受けなければならないのか」

怒りにも似た、そんな疑問が何度も頭をよぎります。

そして、折れそうな心を何度も奮い立たせる中で続けられる、自分への問いと気づき。

「ブートキャンプの存在を知った上で、入隊を選択したのは他でもない自分自身だ」

「辛いがもう一日頑張ろう。辛いがこのキャンプをどうにか乗り越えよう」

このような言葉を自分の中で繰り返していたのは、私だけではないはずです。

志願兵たちは一丸となって、課題に取り組み、チームワークを学び、8週間から12週間をかけて、「兵士」へと変わっていくのです。

ブートキャンプ。

そこは言うまでもなく、兵士を生むためのキャンプです。しかし同時に私たちはそこで、「人生そのもの」とも向き合い、学ぶことになります。体験したことのないような**感情の渦を心に抱えながら、自分に打ち勝つことの大切さ**や、共に過酷な訓練を耐え抜いた仲間との真の連帯意識、国や愛する者を守る責任の重さ、命の重さ、そして、**自分がこの人生で獲得すべき誇り**を学んでいくのです。

最終日に、それまで一度も甘い顔を見せなかった教官たちが、言葉少なげに、されど和らいだ表情で、私たちを初めて「同志」として迎える瞬間に得られる達成感は、とても言葉では表現できません。

ブートキャンプで得られる最大のもの、それは困難を乗り越え、自分の限界を超えるために必要な「自律心」に他ならないのです。

人生に言い訳をしない

あなたが今、自分自身を打破することができずにいるとするならば、理由は簡単です。多くの場合、自分が勝手に構築してしまう「自分の限界」によって、本来ならばできるはずのことをできなくしてしまっているだけです。

ここで、簡単な実験をしてみることにしましょう。

まず、両足をしっかりと地面につけて、背筋を伸ばして立ってください。かかとが地面から離れないようにして、両腕を天井に向かって上げ、指先をぐっと伸ばします。これ以上手が上がらないというところまで伸ばしたら、そこで5秒間静止してみてください。辛くても腕は伸ばしたまま、限界だと思うところまで手を伸ばします。

5秒の静止の後、もう一度、あと1センチだけ腕を遠くに伸ばすことにチャレンジしてみてください。そう、たった1センチ。

あなたは、その1センチを伸ばすことができたでしょうか？

恐らくほとんどの人が「もう無理だ」と思って伸ばしきった腕を、さらに1センチ伸ばすことができたのではないでしょうか。

限界だと思ったことが、なぜ可能になったのかを考えてみてください。もう無理だと思いながら、あなたに1センチの壁を破らせたものこそ、困難を乗り越えるときに必要な「自律心」なのです。

――「妥協をしないこと」

――「一切の言い訳を断つこと」

――「自分が決めたことをやり遂げること」

――「困難を味方につけること」

――「誰も認めてくれないような状況下でも、自分自身であり続けること」


これらを可能にする力こそが、「自律心」です。

人は自分の中に、簡単に「自分の限界」をつくってしまいます。しかし、腕を伸ばすことの事例でも分かるように、たとえ「もう無理だ」と思うようなことであったとしても、あきらめることなく、**無理を押してでも挑戦すれば、可能になることはいくらでもあるの**です。

自分の置かれている状況を、人や環境のせいにしているうちは、自分自身が人生の創造主であるということに、人は気づくことはできません。

「困難が目の前にあっても、それを乗り切る覚悟を決める」。そのように人生を主体的に捉えるようになったときに初めて、**あなたの人生はあなたがコントロール可能なものになるのです。**

「自律心」とは、「自分や他者に対する言い訳を捨て、少し高いハードルを越え続けること」を可能にする力です。困難な状況を避けることなく、自分の意志で立ち向かい乗り越えることを選択するために役立つ力です。

「自律心」を味方につければ、あなたはどれほど困難なことであったとしても、そこから逃げるための「言い訳」を自分の中に見つけ出す前に、一歩前へ進むことができるようになります。誰の中にも、自分の限界を打破するための、眠っている力があるのです。

人間は、本来、受動的な生き物ではなく、能動的な生き物のはずです。どんな困難に対しても、自ら働きかけ、それを乗り越えていくことができるはずです。

ですからもしこれから先の人生で厳しい局面に立つことになった場合でも、たとえそれがどんなに辛い状況であっても、決してそれらを途中で投げ出さないでほしいのです。人生の舵《かじ》を自分がコントロールし、その困難を乗り越えてほしいのです。

人が成長するためには、何かを「やり遂げた」という達成感を経験することが必要不可欠です。自らに課題を課し、**常に自分の目の前にあるハードルを越え続け、達成感を味わい続けること**こそが、「自分に不可能はない」という、大きな自信を生み、結果的にあなたの成長を促し、成功へと導きます。

「自律」を学びましょう。それは、自分の意志で困難に立ち向かうことに役立ちます。「自律」を味方につければ、あなたはいくらハードルの高い困難なことであっても、「言い訳」を見つける前に、一歩前へと足を進めることができるようになります。

今日から言い訳を封印し、いかなる困難をも乗り越える意志を持って、前に進むのです。

少しの背伸びに繰り返し挑戦する

「自律」は、我々の中の不可能を、可能にさせるための原動力です。そして言うまでもありませんが、「自律」の習得は、ブートキャンプを経験しなくても可能です。一番簡単な「自律」習得方法は、少し背伸びをしなければならないことに、常に努めて挑戦し続けることです。

では、日々可能な、少し背伸びをしなければならないことに挑戦するとは、どんなことなのでしょうか。

例えばあなたが昇進を希望しているとしましょう。そのために必要な知識があるとします。そのためには、あなたには、知識を習得するための時間が必要です。

この時間を生み出すために、**毎朝1時間早く起きて専門書を読む**、という選択をしたとします。そして、どんなに忙しく、疲労がかさみ、寝不足であったとしても、あなたは自分に課した選択を守ることにします。どんなに辛くても、目覚ましを止めて再び寝ることはせず、起き上がることを決意します。

ふとよぎる「一日くらいいいや」と手を抜きたくなる心理をコントロールし、毎日自分に課した勉強を続ける――これこそが、「背伸びして何かに挑戦し続ける」ということです。

普段の生活よりも1時間早起きすることはまさに「挑戦」です。あなたはそれを自らの意志で選択し、継続しなければなりません。「自分に課した約束」を守り抜くことなしに、必要な知識を学ぶための時間は生まれないわけですから、これは努力してでも続けねばなりません。

そしてそのような努力を続けることでなお一層、「自律心」は磨かれ続けます。

これはあくまで一例に過ぎませんが、このように、自分が望む「何か」を手に入れるために、人は自らの意志で普段行わない努力を要する行動を選択することが可能なのです。

そもそも、現状維持や、努力を必要としない日常を過ごしていたのでは、人生の可能性を広げることなど不可能です。今までと**同じことをやっていたのでは、新しい何かなど、手にすることはできない**のです。ですから、困難に直面しながらも、あえて難しい選択をしましょう。そんなとき人は大きく成長し、自分が望む成功へと一歩駒を進めることができるのです。

⬟最初の2週間で、まずは自らの意識を改革する

新兵を対象として「ブートキャンプ」を行う一番の効能は、「自分の限界を超えるための意識改革」です。特に最初の2週間は、意識改革の肝とも言うべき期間となります。新

しい自分になるということは、新たな習慣をインストールすることに他なりません。
ブートキャンプが始まると、まず新兵たちは厳しい「習慣」の中に放り込まれます。とにかくハードでタフな2週間を過ごさせることで、それまで**自分の中にあった常識を打ち破らせる**のです。

――服装と髪型は、規定に寸分たがわず整える
――6時起床。着替えは2分以内
――食事時間は7分。私語厳禁
――60分間連続の身体トレーニング。動作を止める休憩はなし
――筋トレ・ランニングなどトレーニングメニューは規定回数・制限時間厳守
――それがクリアできない場合はより負荷のかかる追加トレーニング
――移動時は手の角度・歩幅など規定動作を厳守した行進
――教官の指示への返答は「Yes, Sir」のみ。詳細確認や口答えなどは懲罰対象（たとえそれが無理難題に対してであったとしても）

これらのことをルーティンとして習慣化し、毎日繰り返すことで、新兵は軍の規律を体に叩き込んでいくのです。ある意味ショック療法にも似た無理難題を課す状態に追い込み、それを乗り越えさせることで、短期間で自分の限界を超える「成功体験」に導きます。

困難を乗り越えるには、「困難を乗り越えた」という実感こそが、そのモチベーションや自信の源泉にもなります。これが、ここで言う「成功体験」です。そして「ハードルの高い挑戦を成功させる」ということを繰り返すと、人は、それまで自分が限界だと思っていることの先へと、次々に成長していけるのです。

ちなみにペンタゴンでは、頭脳を酷使する「知識のブートキャンプ」のようなものも存在しています。例えば私が参加した「サイバースペシャリスト養成所」で行ったトレーニングが、それに該当するでしょう。この養成所は、**サイバーテロや情報セキュリティの専門家を育成するための専門機関**です。4か月強のプログラムにおける最初の2週間の特別訓練は、まさにブートキャンプと同じように、自分の限界を超えるための「意識改革期間」でした。

参加者全員の基礎知識を同等にするためのもので、詰め込み式で膨大な量の情報を叩き込まれる、かなり厳しい2週間を過ごさねばなりませんでした。その情報量は尋常ではない量です。普通に考えたら、とても2週間で覚えられるものではないのですが、それでも私たちは絶対にそれを習得しなければなりません。

私が参加したときには毎日11時間カリキュラムを教室で学び、その他に膨大な量の課題を日々やりきる必要がありました。寝ている3〜4時間以外はすべて勉強。体力的にも限界まで消耗します。

しかも、4か月強ですべての課題を終了するには、自ら進んで、学びを中心にした生活に適応する「自分」を、新たに構築する必要もありました。

特に長い時間毎日学ぶには、**集中力が途切れないようにする**ことが最重要課題だったのですが、「集中力訓練」などというものは、当然カリキュラムにはありませんでしたから、自分で調整する必要があったのです。

また、身体的な負担があるような長時間の勉強を強いられても、そこで体調を崩すわけにもいきませんから、どんなに厳しくても適度な運動や、健康的な食生活に、いつも以上に気を使う必要もありました。

私の場合は本書でも紹介している瞑想や呼吸法などを用いて、心身を落ち着かせたり、テンションを高めるよう心がけました。単に長時間勉強するだけにフォーカスするのではなく、それが可能となる「自分づくり」もまた、こうしたトレーニング時には必要になるのです。

2週間の「知識のブートキャンプ」を乗り越えると、勉強中心の生活が自分の中で一定のリズムとなって機能し始めます。そしてそのリズムを持っていることが、その後さらなる専門知識を磨く上でのベースともなりました。「目標を達成させるために自分を邁進《まいしん》させる基礎力」が、この2週間のリズムづくりで完成したのです。

このようにして一度生活の中に新しい習慣や規律を叩き込むと、意識するしないにかかわらず、それらは自分を律し、困難な課題を乗り越えるための「自律心」として、機能しだします。

自分自身（思考や行動を含む）をプラスの状態に整えていく作業や、新しい何かを習得する作業は、「現状を変える具体的な行動」によってのみ成立します。既存のままの**自分を変えることなしに、新しい高みを見ることはできない**のです。

ブートキャンプのような、「常識を超える厳しさ」を普通の生活で課すことは、なかなか難しいと思います。ただ挑戦が必要なことをルーティン化し毎日繰り返すことで、その挑戦自体に慣らしてしまうことは、自分を高める方法としてとても有効です。

そしてある程度その習慣が身につき、完全に自分をその状況に慣らすことができたら、その後さらに限界のハードルを上げ続けることを目指すのです。

自らの生活の中に、少し挑戦が必要なことを「習慣化」するような、ルーティンを加えてみてください。それを**毎日続ければ、いつしかそのルーティンが機能しだし、挑戦のハードルを少しずつ上げていくことが可能になる**はずです。

そのために有効な方法として、7DAYSルールをまず実践することにしましょう。

新しい習慣を取り入れることで、自律心を磨く7DAYSルール

「7DAYSルール」は、自らがつくった限界を超えるための「心の在り方」を変える方法です。7日間をワンクールとし、自らを高めていきます。

7DAYSルール

1 プラスの習慣設定

目標に向けてやるべきことを、二つ選ぶ。今まで行ったことがあるものではなく、新たな挑戦や克服すべきことを意識して選ぶこと。普段「やるべきだ」と分かっていながら、やっていなかったことや、なかなか腰が重く、取り組んでこられなかったことを選ぶのがポイント

2 マイナスの習慣排除

次に、目標達成を妨げる要因で、その自覚がありながらもなかなかやめられない悪習慣を二つ選ぶ。新しい習慣をインストールするためには、手放すべきことを手放すことも重要。しかし、何かを始めるよりも、むしろ何かを「やめる」ことのほうが難しいので、ハードルが低く、無理のないものから選ぶとよい

3 実行する

前項で選んだ四つを実践していく。確実にそれらが実行されるように、7日のサイクルをワンクールとし、自分自身を管理していく

4 検証する

7日経ったら、この実践が上手くいったか否かの見直しを行う。必要に応じて新しいルールを加えたり、上手くいかなかったものについては、「なぜ上手くいかなかったか」を分析するようにする

自ら決めた**プラスの習慣設定とマイナスの習慣排除**に、7日かけて自分を慣らしていきましょう。「7DAYSルール」を確実に成功させるためには、無理のない、しかし現状の自分の一歩先へ「ストレッチ」するような設定を行うことが大事なポイントです。

例えば、健康維持のために日常にエクササイズを取り入れることを決めたとします。ここで、今まで何もしていない人が、気合を入れて1日5キロのランニングを継続しようとするのは、ハードルが高すぎです。無理がない設定というのは、例えば通勤ルートでバス

を利用しているのなら、**停留所一つ分は歩くことや、日中絶対にエスカレーターを使わない**というようなことを指します。

あくまで「少しだけハードルを上げることで、実現可能」なことを選びましょう。そしてそれが完全に自分の中に落とし込めたら、その後、さらに限界のハードルを上げ続けることを目指すのです。

たった四つのことを、7日間意識的に行うように自分を追い込むだけで、あなたは自律心を養いながら、目標達成に近づくことになります。7日で1クールということは、1年に52クールの7DAYSルールを実行可能だということです。つまりその気になれば、たった1年のうちに100以上のよい習慣を身につけ、100以上の悪習慣を断つこともできるのです。

自分が苦手とするようなこと、乗り越えたいと思っているようなことを書き出して、解決するための具体的な行動を決め、日常に取り入れましょう。

実行の瞬間には、その都度「これは、何のためにやっているのか」「やるのか、やらないのか、どちらにするのか」と、自分の決断を意識するのも重要です。

✪「できない」「やらない」を徹底的にあぶり出す

この7DAYSルールをさらにパワフルにするものが、「言い訳」、そして「制限」をあぶり出しすることです。

今まで分かっていながら、実現できなかったようなことには、「言い訳」というものがついて回るものです。しかもたいそうな「言い訳」が。

ここで一度、あなたの行動を妨げる原因となる「言い訳」や、思考の中の「制限」を、あぶり出しておきましょう。このあぶり出しも、自律心を磨くのに、とても役立ちます。

定期的にこれらを検証し、やるべきことをやらない「自分」を**正当化している自分に気づけるよう**になってください。

「言い訳」「制限」のあぶり出し

1 自分の人生において以下の言葉に当てはまると思うことがらを、列挙する

「やるべきだ」

「やるべきではない」
「やりたい」
「やってはいけない」
「やっても無駄」

2 **次に、その信念、思考が生まれたのは、どんなきっかけからだったかを整理して書き加える。そのときに自分が抱いた感情や、そしてなぜそう感じたのかを、詳しく記す**

言い訳や、信念や思考の制限は、自分の可能性を狭める原因にしかなりません。また、不要な思い込みが、自分自身を制限してしまう場合もあります。

このエクササイズは、「自律心」よりも勝ってしまう、**自分の中の言い訳を発見するため**のものです。都合のよい言い訳や思い込みが、いつ、どんなときに、どんな感情と一緒に生まれるかを予め知ることで、それらに打ち勝てる自分自身を構築しましょう。

言い訳をしたところで、あなたは「あなた」という人間から逃れられることはできません。

何かをしないことに対し、自分自身をとりつくろったところで、あなた自身も気づいているはずです。「困難から自分は逃げた」という事実に。

「自律心」を味方につければ、どれほどの困難なことであったとしても、あなたはそこから逃げることはなくなります。何かをやらない「言い訳」を自分の中に見つけ出し、それに従ってしまう前に、一歩前へ進むことができるようになります。

あなたの中には、自分の限界を打破し、掲げた目標を必ず達成させるための、眠っている力があるのです。それに気づきましょう。

「できない言い訳」「やらない言い訳」を減らす。そして、あと一歩というときにあきらめるのではなく、挑戦することを自分の意志で選んでいく。

こうして生まれる「自律」の力によって、あなたは**何倍もたくましく、自分の人生を歩くことが可能になる**はずです。

Module 6 : Discipline　～自律～
まとめ

●「自律」は自分の中の不可能を、可能にする原動力となる

●目の前の困難に立ち向かうのも、逃げ出すのも、すべては自分が決めているということに気づくことが、自律心が生まれるきっかけになる

●困難を乗り越え、少し高いハードルを越え続ける努力が、自律心を磨く

●自律心を磨く方法としては、生活の中に挑戦が必要な習慣を加えることが効果的

●自分を制限する信念、思い込み、言い訳を定期的にあぶり出すことも、困難を乗り越えていくためには役立つ情報となる

第7講

72時間ですべてが解決できる

時間

Module 7

Last Will

**Live as if you were to die tomorrow,
Learn as if you were to live forever.**

明日死ぬかの如く生きよ、
そして永遠に生き続けるかの如く学べ

マハトゥマ・ガンジー

時間、人生で最も美しきもの

「時間」

それはあまりにも短く、あまりにも長いものと言えます。永遠に私たちの手の中にあるものと錯覚してしまうほど、普段は当たり前のように流れるものです。たいくつな日常。毎日同じことの繰り返し。やることのない週末の暇つぶし。そんな風に時間を持て余す人は少なくありません。

しかしそんな人がいる一方で、最後かもしれない一日を、様々な思いとともに祈るように過ごしている人もいます。毎日つまらないと嘆きながら日々を送っている人がいる一方で、**あと一日だけ生きたいと願いながら、終わっていく命**があります。

ペンタゴンという組織の宿命上、我々は日々「命」が有限であることを思い知らされながら、任務を遂行しています。救援指令はひっきりなしです。終わりがまるでありません。「国防」というシビアな現実を目の前に毎日過ごしていると分かるのは、今日も誰かがどこかで泣いているという事実です。ですから私たちは、時には誰かの「命」を守るために、死にゆく覚悟で戦場に向かい、**世の中から争いが消えることへの使命感**に燃えながら、戦う選択をしなければなりません。

「私たちを待っている人がいる」
「私たちが動けば、救える命がある」

紛争や戦争には様々な矛盾が存在し、ペンタゴン自体の存在意義にも賛否両論があるでしょうが、私たちは助けを求めるその声を無視することはできません。

事実、二十数年の間に、一体いくつの「命」を見送ったことでしょう。明日自分の人生が終わるとは想像もできない状況で、突然失われていく人生。戦争であろうが、災害であろうが変わりません。時に宿命は容赦なく、私たちから大切な人を奪います。次に奪われるのが自分の命ではない保証も、どこにもないのです。

「時間」が有限ということに気づけば、これほどまでに愛おしいものはないでしょう。

そんな愛おしい時間の最後の時を迎えるとき、人は何を思い、何を感じるのでしょうか。

「普通のごくありふれた一日」

よく誰もが耳にする言葉ですが、しかしそんな一日は、本当に存在するのでしょうか。

――「私たちは何のために生きるのか、そしてどう生きるべきなのか」

本書の最後のテーマは「時間」。総決算として、「時間」との上手な付き合い方を習得しましょう。

72時間ルールが時間の使い方を上手くする

私たちの任務には、「緊急対処」がつきものです。特に**人命救助に関わることでは、事態の収拾のために、一分一秒を争う**ことも珍しくありません。

私も、手に汗握るような経験をしたことがあります。

それは「トゥーリー空軍基地」という北極の基地に赴任していたときのことです。

先にも述べたように、**北極での生活は、それだけで困難を極める**ものがあります。凍《い》て付く大地、長い夜。そんな基地で、ある日緊急事態が勃発しました。それは私自身、生まれて初めて身をもって体験した、「死」という言葉を意識せざるを得ない、現場ならではの「緊迫」でもありました。

北極の天気は異常なスピードで変わります。数分前に晴れていたのに、次の瞬間には目も開けていられないほどの猛吹雪になることは珍しくありません。加えて北極には朝が来て、夜が来るというサイクルが、日々の中に存在しません。先にも述べましたが、緯度の関係で起こる「白夜」のせいです。事件当日はちょうど、運悪く「暗闇の時期」でした。

基地のメイン施設から数キロ離れたところに、格納庫がありました。そこには発火物も保管されているために、定期的に誰かが火災報知器の点検をするよう義務づけられていました。たとえ暗闇で天候が悪いような時期でも、この作業は怠るわけにはいきません。

その日は天候が朝から落ち着いており、嵐が来る気配は全くありませんでした。そこで二人の隊員は車を走らせ、格納庫に報知器の点検に向かったのです。しかし彼らが出発してからたった3分ほどで、驚くほど天候が悪化したのです。それは、本当に突然のことでした。

すぐに天候の変化に気づいた彼らは、基地に引き返そうとUターンを試みたものの、すべてが手遅れでした。猛威を振るうブリザードの中で、寒さから車のバッテリーが完全に凍り付いてしまったのです。

急激に冷えていく車内。しかも周囲は暗闇で、雪嵐が吹き付け、全く何も見えません。自分たちがどこの地点にいるかさえも分からぬまま、嵐はさらに悪化していきました。

唯一の救いは、無線がかろうじて通じていたことです。私たちは彼らと無線機を使ってコミュニケーションをとり続け、救出作戦を展開し始めました。

大自然の猛威の中では、人間は本当に無力そのものです。居場所の手掛かりがないままに動けば、**二次被害すら起こりかねない状況**でした。そんな中で、刻一刻と寒さで衰弱していく二人の隊員たち。このままでは二人は凍死してしまう。

誰もが時間切れを意識し始めたそのときに、隊員たちは吹雪の向こうでわずかに光るオレンジ色のライトを見つけたのです。それは北極に二つしかない、オレンジ色の飛行機用の滑走路ランプでした。基地に歓喜が湧きました。

「これで居場所の想像がつく。助けに向かうことができる」

誰もがそれを確信しました。

早速2台の車が、救出に向かいました。無線から聞こえてくる救出部隊の声は、緊迫をそのままに司令室にも響き渡っています。暗闇の中での猛吹雪で10センチ先すら見えない状況、そしてそんな中で、コンパスだけを頼りに車を走らせる隊員たち。

救出は、困難そのものでした。


しかもそんな中、最悪の事態が起こります。救出部隊の車一台の**バッテリーが凍り付き、動かなくなってしまうというアクシデント**が発生したのです。一瞬ざわめきに包まれる司令室。

「とにかく先を急げ、時間はない」

私はそう呼びかけ、残り1台にすべてを託しました。

それから数分後、救出部隊は二人の隊員を無事発見。間一髪で、私たちは彼らの救出に成功したのです。

その後、途中で動かなくなった救出部隊も無事に救助し、基地へと帰還できたのでした。

救出されたとき、二人の隊員は本当に凍死寸前でした。しかし適切な処置が行われたため、凍傷が少し残っただけで済んだのです。

「一回死んだ気分です」

彼らは言いました。この言葉がその日一日、私の頭から離れることはありませんでした。


言うまでもないことですが、こうした緊急の現場では、限りなく無駄な時間の使い方をなくし、より完成度の高いミッションを遂行していかねばなりません。それを可能にするための手段として、私たちが普段意識しているミッション遂行法があります。それが「72時間対処法」というものです。

これはいかなる混乱、状況、惨劇であっても、72時間以内の事態収拾を目指してミッションを行おうというものです。実は、どんなに複雑で困難に見えるような事態でも、起こっていることを俯瞰《ふかん》でしっかりと検証していけば、**ほとんどのことは72時間以内に相当量の分析、処理、対処が可能**なのです。

先の例は、敵が「突然の自然の猛威」ということもあり、72時間よりもずっと短い時間で、救出ミッションを達成しなければならないものでしたが、こうした緊迫下でも私たちが冷静に対処を続けられたのは、普段からこの72時間という枠を意識して行動していることとの成果だと思います。

このようにすべてのミッションに、72時間という時間が当てはまるわけではないですが、それでもこの**時間の区切りを意識しだすと、格段に時間の使い方が上手になる**のです。72時間しか手持ちの時間がないと思えば、おのずと「やるべきこと」や「優先順位」が明確になるためです。

そしてそれらが整理されると、人は限られた時間しかない状態であっても、そこで自分の中の叡智《えいち》を結集させ、最大のパフォーマンスを行うことが可能となるのです。

◆「やるべきこと」は何なのか――三つのボール

物事に対処する際に一番重要なことは、やるべきことの整理です。当たり前のように聞こえるかもしれませんが、実は多くの人が、物事の「整理の仕方」を知りません。

特に急を要するようなときほど、何かしなければならないことが目の前にあるのに、

「何をどうしたらいいか分からなくなる」、そんな困った症状に陥ることが多いのです。

そんな状況に陥ると、大抵の人は本来やるべきことの順番を冷静に整理する前に、「思いが強い」ことから始めてしまいます。それは「とりあえずやれそうなところ」だったり、「こうに違いない」と何の根拠もなく思い込んだものだったり。もっとタチが悪いのは、闇雲に「手当たり次第」になってしまうことです。しかし、それではいけないのです。

ではやるべきことを整理し、それをやり遂げるのに必要なことは何なのでしょうか。

それは、「やるべきことを把握する」という、恐ろしく単純なことです。

72時間対処法を上手く機能させ、「やるべきこと」を達成するために、まず何よりも「何が必要か」を把握する必要があるのです。そしてそれらを冷静に分析し、優先順位をつけて対処にかかるべきなのです。

私はこれを、三つのボールにたとえて考えるように指導しています。

ガラスのボール

絶対に必達しなければならないこと。そのときに**達成しなければ、後から取り返しがつかない**ようなもの。緊急性が高いもの。

木のボール
達成することが望ましいもの。多少**失敗しても、後からリカバリーが可能**なもの。多少時間に余裕があるもの。

ゴムのボール
時間的制約がないもの。重要ではあっても、先送りできるようなもの。

人生にはやらなければならないことが、あふれています。しかし何度も言うように、それをするための「時間」は有限であり、無限にあるものではありません。有限な時間を有効に、そして生産性のあるものにしていくためには、その使い方が戦略的でなければいけません。

72時間対処法を活用して、「時間」を味方につけましょう。何かに対処する際には、72時間という区切りを常に意識し、「やるべきことの把握」をまずは行うように、心がけてください。

72時間対処シート

①発生した問題・課題

②72時間後（　　月　　日　　　時）

・どのような状況であればOKか？

・私に求められていることは何か？

③やるべきこと

④

ガラスのボール

木のボール

ゴムのボール

⑤具体的な行動

⑥

すでにあるリソース

保管するリソース
（いつまでに？ どのように？）

自分の目の前にあることを、常にこの三つの区分に仕分けて考えるようにすると、頭の中がすっきり整理できるようになります。そして、そのように状況をきちんと整理する習慣が身につけば、どんな突発的事態が起きても、あなたは**困難を乗り切りながら、望むゴールまでたどり着ける**はずです。

――72時間で達成すべき、ゴールを決める。自分が何を要求されているのかを明確にする
――そのためにやるべきことを把握する
――やるべきことを三つのボールに仕分け、優先順位をつける
――優先順位を維持しながら、目的を達成するために必要なアクションを書き出す
――計画の遂行手順を視覚化し、具体的に書き出す
――視覚化し、具体的に書き出した計画を実行していることを鮮明にイメージしてみる
――それを具現化するために使う既存のリソースは何で、何を持っていないかを把握する
――利用可能な既存のリソースを使いながら、ない場合は最短でそのリソース補完をする方法を考えながら、計画をさらに具体的なものにする
――計画を実行する

また、**緊急時であればあるほど、灯台下暗しという状況になる**ことも多いはずです。自分がすでにその状況に対処するためのツールやリソースが手元にあるにもかかわらず、そこに目がいかないというようなことが起こります。新しいリソースを探し始める前に、すでに持っているものの棚卸しを行い、それらを把握することも忘れないようにしてください。

ただし、そこで目指すべきは決して「完璧な準備」ではありませんから、棚卸しに必要以上の時間をかけることは避けるべきです。あくまで手元にあるリソースをどう生かせるかを確認する、というスタンスを大事にしましょう。

物事に対処するには、手持ちの札をどう生かすかという、クリエイティビティは非常に大切です。これも72時間対処法を機能させるには、重要なポイントになるはずです。

◆遺書を書いて、死から逆算する

先にも述べたことですが、人生が有限と思えば、あなたはその一分一秒が、もっと愛おしくなるはずです。

あなたの人生にもいつか終わりがやってくる、しかもそれは明日かもしれない、人生が長く続く保証は何もないということを意識したとき、あなたは今と同じ生き方をするでしょうか。今日が最後の一日であるなら、あなたはどんな風に「今日」を過ごすでしょう。

それを明確にあなたに示す、特別なツールがあります。それは「遺書」です。


ペンタゴンでは危険任務につく場合、万が一自分が死んだときのために、**家族にその後をどう取り仕切ってほしいか**を、公式書類として遺書に書くことが義務づけられています。もしものことが起こった場合、組織はその遺書を元に必要な作業をしますから、これはペンタゴン側にとっては、必要書類に過ぎない部分もあります。しかし、書く側にとっては違います。遺書とは、ただの書類以上の意味が当然あります。

最初に遺書を書かねばならなくなったとき、正直私は「縁起でもないし、なんだか気持ちが悪い」と思いました。自分が死ぬことなど、考えたい人はほとんどいないでしょうし、私も例外ではありませんでした。

しかし、実際に現場で危険な任務につくと、「死」の存在について否が応でも直視しなければならない出来事にたくさん出会います。例えば先ほど北極での部下の救出エピソードをお伝えしましたが、あのときもまさに「命の限界」や「死」を隣りあわせに感じました。

そうした経験をいくつか重ねたのち、私は「遺書」というものが単なる死の準備ではなく、「生きる」こと自体に重要な役割を示すことに気づいたのです。

限られた時間をどう生きるべきか。有限な人生を有効に使い、自らの可能性を最大限生かすにはどうすればよいのか。「死」から逆算し、人生を見直し、ポジティブに人生を設計するツールとして、「遺書」はとても有効なものと確信したのです。

遺書は文字通り、死を意識しなければ書けないものです。しかし同時にそれは、「生」を意識できる作業でもあります。また、その作業を通して、**自分の人生の在り方を整理する機会**にもなります。今あなたが手にしている小さな幸せが、どれほど価値があるものか。遺書を書くと、あなたは気づくでしょう。

日常のちょっとしたことが、どれだけの意味をあなたの人生に与えているか。遺書を書くことで、あなたはそれらのことに感謝できるようになるでしょう。

今死を迎える場合、やり残すことは何なのか。そうなった場合、どんな思いや後悔が残るか。本当は**やりたかったことなのに、見て見ぬふりをしていたこと**はあるのか——そんなことを自分の中に落とし込むには、遺書ほど優れたツールはありません。

遺書を書く際は、ちょっとしたルールを設けるようにします。形式や文体などは自分らしく書ければそれで問題ありませんが、これはあくまで「自分の限界を打破するため」に行うものですから、以下を守って作業してください。

遺書作成のルール

ルール①「あなたの人生があと3か月しかない」ということを前提にする

具体的に残っている時間がハッキリしたほうが、自分の中で様々な整理が可能になります。

3か月しか人生が残っていない理由は深く考えなくて結構ですが、とにかく残された時間は、本当に3か月だと、真剣に思ってください。

ルール②自分は自分の人生で、何を今までに残すことができたか

今までの人生で、自分がこの世に残すことができたと胸を張って言えることを書きましょう。

ルール③もう少し生きられるのなら、何をこの世に残していきたいか

もしも残された時間が3か月ではないなら、あなたはその人生を使って何を求め、何を得て、何を残していきたいかを書きましょう。

ルール④死んだとき何を一番後悔するか

3か月後に死んでしまうことで、一番後悔することは何ですか。その上で、どんな人生を送っていれば、その後悔はなかったかを書き添えましょう。

与えられた人生を精一杯生きるためにも、**一年に一度は定期的に遺書を書いてみること**をお勧めします。「自分の可能性を最大限生かすため」の作業として、あえて「死」を意識し、自分の人生そのものの在り方を整理しましょう。

あなたがより多くの可能性を広げ、**これからどう生きるべきかというヒントが、遺書を書く作業の中で見つかる**はずです。

遺書を書く、しかも3か月しか残された人生はないという前提を持って、自分の人生設計を整理し直す作業は、あなたにとってあまり経験したことのないアプローチかもしれません。しかし、限られた、束の間の人生だと思えば、人は「今を生きること」という意味を、もっと深く考えられるようになるものです。

——何かに真剣に取り組む時間

——苦しみもがきながらも、何かを達成するために努力する時間

——愛する人との何でもない時間

——空の青さや風の薫りを感じる時間

そんな時間が、とても大事になるはずです。

時間は永久にその時を刻むかもしれませんが、私たちが「私たち自身」として存在し、

この人生をこの時代を生きていることは、今後もう起こることはありません。そう考えれば、**私たちの人生そのものが奇跡**なのです。愛する人と過ごすひと時でさえ、「束の間」のことであることを、私たちは忘れてはいけません。

大切な時間を最大限活用し、自分が望む人生のために努力をいとわない生き方をすることは、とても崇高で美しいものです。そして、そのような生き方をすれば、あなたの人生の可能性は無限に広がるでしょう。

Module 7 : Last Will 〜時間〜
まとめ

- 「時間」は人生がそうであるように、有限なもの。それを意識して生きること
- 大抵のことは、72時間以内に処理できる。それを可能にするためにも、目の前にあることの優先順位づけと、今やるべきことの整理を常に行う
- 完璧な準備をするためにイタズラに時間をかけないこと。手中にすでにあるリソースを、どれだけ上手く活用できるかをクリエイティブに考えること
- 死は、あなたの人生に可能性を与える最大のギフトである。より可能性を広げていくために、遺書を定期的に書こう
- 自分の可能性を最大化できるのは、自分だけ。それを可能にする時間の使い方を常に意識すること

あとがき

人生の中で起こる「よいこと」と「悪いこと」というのは、実は紙一重です。長い目で見ると「絶対的によくない」と思うことが、実は素晴らしいことの始まりだったりするわけですから、本当に人生とは不思議なものです。

私が国防総省への道を歩むことになったのも、そもそもは「よくないこと」がきっかけでした。


誰の人生にも思いがけないことは起こるものですが、私はたった一日のうちに、二人の大切な人を失うという悲しみを経験したことがあります。当時付き合っていた恋人が末期癌と分かった同じ日に、父が突然亡くなったのです。それはまだ若かった28歳の私には、直視するにはあまりにも大きな出来事でした。

私の人生において、後にも先にもあれほど長くて、そして短くも感じた一日はありません。突然「命には終わりがある」という現実が目の前に降ってきて、何をどう整理してよいのかも分からぬまま、迷路に入り込んでしまったかのような気持ちになりました。

入り込んだ迷路は思いのほか複雑で、この出来事を機に、しばらく私はその中から出ることができなくなりました。迷いながら出会う、「いくつもの自分」。一つではない様々な感情。生きていくことの真の意味とは何か、なぜ自分はここに生まれ、何をするために生きているのか。迷路を抜けるまでの間、私はこれらのことをずっと自問自答することになりました。

それまでの自分は周囲の期待に応えるべく、科学者への道をひた走っていました。その選択にはずっと「違和感」がありましたが、心の声には耳をふさぎ、何となく自分の真の欲求を見て見ぬふりをしていました。周囲が求める道で成功することが、社会にとっても自分にとっても正しいものと言い聞かせていたのです。

しかし二つの悲しみを一度に経験したことがきっかけで、私の中で何かが音を立てて崩れ始めたのです。急に「このままではいけない」という強い感情が抑えられなくなり、とにかく何の情熱も感じないキャリアに対し心が拒絶反応を起こし始めたのです。

目の前の悲しみから意識をそらそうとすればするほど、私は、「自分を変えたい」という強い思いに、いてもたってもいられなくなっていきました。心はアンバランスなのに、理性はしっかり働いている。そしてその理性が悲しみをつき離し、感情を一気に動かしているかのような、そんな感覚でした。

そしてこうした状況下で私がとった行動は、驚くほど潔いものでした。サンフランシスコで父の葬儀が終わった後、自分の住むシアトルへ戻るとすぐに、何の執着もなく科学者への道を捨てて、軍への入隊を決めたのです。

あれこれ考えることなく、心の赴くままにキャリアをすっかり捨て去ってしまったときの爽快感は、想像以上のものでした。

自らの意志でリセットした人生。

それは、すべてがなくなり、ゼロになったというのとは明らかに違うものでした。偽りの自分を手放したことで、むしろ無限の可能性を手にしたという感覚に近いものでした。

そしてこの決断が、その後20年以上も続く、軍とそれを統括する組織・国防総省におけるキャリアへの道に私をいざなうことになったのです。

国防総省でキャリアを積むには、軍の将校になるのが近道です。アメリカの主要な大学にはアメリカ軍の将校を育てるROTC（The Reserve Officers' Training Corps の略）トレーニングというものがあるのですが、私もそこへの参加を決めたのでした。

家族はこの選択に驚きを隠せませんでした。特に母は大反対をし、嫌悪感を露わにして、思いとどまるよう三日三晩私を説得し続けました。

しかし、もはや私は誰の意見に対しても耳を傾けることはありませんでした。「心の声に従おう」、それが私の唯一の選択でした。

母が職業軍人として将校になることに反対したのは、軍に対するネガティブなイメージを持っていたためです。自分はその時点で、リザーブという予備役経歴が10年以上あったので、母は「それだけで十分だろう」と、私を諭すのにとにかく必死でした。父が陸軍大佐だったため、軍のよい面も危険と背中合わせの悪い面も熟知していた母は、私の軍への正規入隊は、心の底からイヤだったのでしょう。

アメリカにおいては、軍への尊敬の念は確かに非常に強いものがあります。しかし同時に私の家族に限ったことではなく、必ずしも軍によいイメージばかりを持つ人だけではないことも、事実です。何せ危険な仕事です。一歩間違えば命を落とすような過酷なミッション……。

しかも時に私たちはヒーローではなく、厄介者としても扱われます。荒くれ者、あるいは戦争屋。そんな言われ方をすることも少なくありません。

しかし私はその道を「あえて」選んだのです。

「自分が創造する人生を生きたい」、ただその強い心の奥底から響く声に導かれて。

後から振り返ってみると私がこの道を選んだ理由は非常にシンプルで、恐らく「誰かを守る意味も意義もある仕事」をしたいという強い心の欲求があったからなのでしょう。当時は単なる感覚的なものに引っ張られた感がありましたが、後になればなるほど、この動機を実感することが多くなりました。

自分が信じた道を行けば、自分はもっと強くなれる。

もっとしなやかに運命を味方につけ、自分の人生を創造できる。

自分がやり遂げるべき、人生のミッションを達成することができる。

そして今は、はっきりこう言えます。「私の予測は、正しかった」と。

愛する誰かを守れない自分の不甲斐《ふがい》なさ。人は恐ろしく無力であり、時に運命や宿命が有無を言わさず、人生を決めてしまう。私には、それが納得できませんでした。「自分が運命のハンドルを握り、運命や宿命の舵をとりたい、意味ある人生を自分でつくりたい」という強い欲求が、私を突き動かし続けたのです。

それまでも自分は「そこそこ楽しい人生」は送れていたのです。別に生活に困ることもなければ、恋人がいて、家族もいて、土曜の夜にふと孤独になれば、一緒に食事をできるような楽しい仲間も周りにたくさんいたのですから。

生きることに「意味」など問わねば、そしてその場だけの、とりつくろったような刹那《せつな》的な楽しさで人生をよしとするならば、「人間の幸せとはしょせん、こんなものだろう」と受け入れることは容易《たやす》いものだったはずです。

しかし私はあえて、自分に問うたのです。「それが自分の人生でよいのか」と。限りある命、「そんな生き方で後悔はしないのか」と。

将校トレーニングが終わりにさしかかった頃、愛した恋人も静かにこの世を去っていきました。私はテキサスでの実戦トレーニング中だったために、彼女の最期を看取ることはできませんでした。それから数か月が過ぎて、ようやく彼女の墓を訪ねたときに、そこには「そこそこ楽しい人生」をよしとする、かつての自分の姿はもうありませんでした。二つの早すぎる人生の終わりを目の前にしたことで、私には真の、そして自分だけしか生きることができない本当の人生が与えられたのです。

「本当に歩むべき、自分の人生を生きよう」

以降、その決心が揺らいだことは一度もありません。

あなたは今、人生のどのステージにいるのでしょうか。

どんな毎日を過ごしているでしょうか。

その日々に完全に満足しているでしょうか。

100%幸せだと言い切れる生き方をしているでしょうか。
悩みはあるのでしょうか。
苦しみはあるのでしょうか。
そしてあなたの人生は今、「可能性」という光で輝いていると言えるでしょうか。

この最後の問いに胸を張ってイエスと言えるようになるためにも、本書で紹介したツールを完全に使いこなしながら、あなたにしか生きることのできない「特別な」人生を歩んでいただきたいと願います。

人生は、自らが、自らの力で「創造」していくものです。「自分を変える自発的な努力こそが、人生最良の選択を可能にさせる」ということを、どうか忘れないでください。

'Aim High' ――可能性は「無限大」。
この言葉を是非胸に刻んでほしいと願います。

最後に、この本を出版するためにお世話になったすべての方々にお礼を申し上げたいと思います。まず、執筆から2年半という月日を経て、出版を実現してくださった幻冬舎の皆さまに深い感謝を述べたいと思います。

日本は私にとって3回駐在した特別な場所でもあります。新渡戸稲造に始まる武士道の精神は、ペンタゴンにおいても研究対象としてあらゆる機会に学ぶものですが、それ以外にも宮本武蔵、山本常朝、吉田松陰らの教え・精神・思想は、私個人のキャリアの核に深い影響を与えました。

和魂洋才という言葉がありますが、私の場合は「洋魂和才」なのかもしれません。

本書は私が開発したセミナーを元に執筆しましたが、セミナー開発のためにもたくさんの日本の文献を参考にしました。「いち早く自分が開発したプログラムを届けたい」――そんな思いから、日本での出版は私にとっては深く願ったことでした。

そのような私の深い思いをご理解くださり、世界に先駆け、本書の日本での出版を決めてくださった編集チームの皆さまに、この場をお借りし改めて深くお礼を申し上げます。

またこの本の出版にあたっては、多くの日本の友人たちが、私を支えてくださいました。私たち家族の友人である作家の中村文人さん、大切な日本のパートナー、株式会社ディフェンス・ディベロップメント・コンセプツ・ジャパン代表の田代真弓さん、同社「DD

Cペンタゴンアカデミー」のマスター・トレーナーである菊池啓子さん。皆さんのご協力がなければ、この本は世に出ることはありませんでした。セミナーのために、素晴らしい曲を書き下ろしてくれた音楽家の山田達也さん、本プログラムのカナダ・リージョナルディレクターのオジャ・エム・ゴトウさんにも厚く感謝を述べたいと思います。

そして何よりも、人生の可能性を広げる学びを私に与えてくれた、すべてのペンタゴン関係者に心からの感謝を送ります。生死に関わるような困難なミッションを共に乗り越えた戦友たち、私を信頼して危険な任務についてきてくれた部下たち。

彼らの存在なしには、今の私は存在しません。人生が無限大であることを知ることができたのは、彼らと過ごした時間があったからこそです。

２０１５年２月

カイゾン・コーテ

You are unlimited.

あなたは無限大

カイゾン・コーテ

〈著者プロフィール〉

カイゾン・コーテ（Kaizon Cote）

サンフランシスコ生まれ。University of Washington卒業。科学者を志すも、その後アメリカ空軍将校の道へ。在軍中に、アメリカ軍事大学院で修士課程を修める。その直後に、アメリカ国防総省国防情報システム局へ入局。情報部隊のエキスパートとして、国防総省でも保有率わずか1%というサイバーテロスペシャリストのライセンスを取得。国防総省、軍で行われている様々なトレーニングの中から、人生の可能性を広げ、成功するために有益なノウハウを抽出し、一般向けにアレンジした独自メソッド「リビング・エンライトメントシステム」を2011年に完成。現在は国防総省、軍にも籍を置きつつ、プライベート機関、ディフェンス・ディベロップメント・コンセプツ社をベースに、セミナー、サイバーセキュリティーコンサルティングなども行っている。空軍での階級は少佐。

http://kaizoncote.com/

https://www.facebook.com/kaizoncote

中津川茜（なかつがわ・せん）

神奈川県横浜市出身。アメリカ留学中にインターンとしてライターとなる。

以来、アーティストからビジネスパーソン、アスリートなど、多様な分野におけるインタビュー記事や著作ライティング、翻訳を手掛ける。

ペンタゴン式 目標達成の技術
一生へこたれない自分をつくる
2015年2月5日　第1刷発行

著　者　カイゾン・コーテ
訳　者　中津川茜
発行人　見城 徹
編集人　福島広司

GENTOSHA

発行所　株式会社 幻冬舎
〒151-0051　東京都渋谷区千駄ヶ谷4-9-7
電話　03(5411)6211(編集)
03(5411)6222(営業)
振替00120-8-767643
印刷・製本所　中央精版印刷株式会社

検印廃止

Printed in Japan
ISBN978-4-344-02724-4　C0095
幻冬舎ホームページアドレス　http://www.gentosha.co.jp/

この本に関するご意見・ご感想をメールでお寄せいただく場合は、
comment@gentosha.co.jpまで。